中級テキスト

使える中国語 CD付

方美麗 著　宮尾正樹 監修

東方書店

この教科書を使われる皆さんへ

お茶の水女子大学　　宮尾　正樹

　方美麗先生の教科書がついに日本で刊行されることとなり、同僚の一人として喜びにたえません。方先生は日本で博士号を取得し、筑波大学等で教鞭をとられた後、英国に渡り、ロンドン大学等で中国語教育に携わり、2009 年、お茶の水女子大学に外国語教員として赴任されました。
　方先生の中国語教授法は、第二言語としての日本語教育や英語教育の最新の成果を取り入れつつ、日本や英国における長年の教育実践に裏打ちされたもので、国内外の各種学会や研究会等でその成果が発表され、高い評価を受けているものです。私たちが教壇に立つ大学においても、1 年間方先生の初級授業を受けて進級した学生の中国語スキルは目を見張るものがあります。方先生は初級の学習の集大成として、受講生による寸劇の作成・上演を行っており、その模様を収めた DVD を拝見したことがありますが、1 年間しか中国語を学習していない学生たちが 15 分以上にわたる寸劇を見事に演じており、驚嘆のほかありません。学生たちは、自分の学んだ中国語がコミュニケーションの手段として十分使えるのだという自信に満ちています。この初級段階で感じたコミュニケーションのたしかな実感が強い動機付けとなり、主体的な学習を促進するのだと思われます。

　この教科書は、方先生の初級教科書 "Spoken Chinese" に継ぐ、中級向けの教科書です。"Spoken Chinese" と同様、ふんだんに盛り込まれた練習をこなすことにより、無理なく着実に語彙力や表現力が向上するよう、周到に構成されています。
　一見すると、この教科書は分量もそう多くなく、課文も比較的短いので、学生のあなたは「楽勝！」と思い、先生のあなたは「間が持たない」と感じるかもしれません。ですが、本文を確実に覚え、練習を確実にこなしていけば、この教科書がそう「やわ」なものではないことがすぐわかるでしょう。
　この教科書を活かすも殺すもあなた（たち）次第です。先生のあなたと学生のあなたたちが共同で、活発で楽しい教室を作り出し、使える中国語を身につけ、生きる力とされることを願っています。

▶目　次◀

Unit 1　自我介绍 ·· 2
　　1　会話　　　　　　　　　　　　2
　　2　読んでみよう　自己紹介　　　4
　　3　身につけたい表現　　　　　　6
　　4　口頭表現練習　　　　　　　　8
　　5　練習問題　　　　　　　　　 10
　　6　文章表現　　　　　　　　　 11
　　7　宿題　自己紹介を書いてみよう　12
　・　文化紹介　初対面の人に呼びかける　13
　・　文化紹介　名前を呼ぶ　　　　 13

Unit 2　我的一天 ··· 14
　　1　会話　　　　　　　　　　　 14
　　2　読んでみよう　私の一日　　 16
　　3　身につけたい表現　　　　　 18
　　4　口頭表現練習　　　　　　　 20
　　5　練習問題　　　　　　　　　 22
　　6　文章表現　　　　　　　　　 23
　　7　宿題　スケジュールを書いてみよう　24
　・　文化紹介　夜？　夜中？　　　 25

Unit 3　讯息 ·· 26
　　1　会話　　　　　　　　　　　 26
　　2　読んでみよう　手紙　　　　 28
　　3　身につけたい表現　　　　　 30
　　4　口頭表現練習　　　　　　　 33
　　5　練習問題　　　　　　　　　 35
　　6　文章表現　　　　　　　　　 36
　　7　宿題　メールを書いてみよう　37
　・　文化紹介　手紙の書き方　　　 38
　・　文化紹介　はがき　　　　　　 39

Unit 4　飲食文化 —— 小吃 ·········· 40

1	会話	40
2	読んでみよう　台湾の小吃	42
3	身につけたい表現	44
4	口頭表現練習	48
5	練習問題	50
6	文章表現	52
7	宿題　故郷の名物を紹介してみよう	53
・	文化紹介　食べる	54
・	文化紹介　有名な小吃	55

Unit 5　商量 —— 个人烦恼 ·········· 56

1	会話	56
2	読んでみよう　個人の悩み	58
3	身につけたい表現	60
4	口頭表現練習	64
5	練習問題	66
6	文章表現	68
7	宿題　悩みを相談してみよう	69
・	文化紹介　言葉と文化	70
・	文化紹介　相づちを打つ	71

訳例と解答例　72
中国語索引　84
日本語索引　88

本書の構成について

✥ 作成要点

　この教材は基礎中国語を勉強（36時間以上で、400程度の語彙を習得）した経験者のためにデザインしたものである。コミュニケーションのための会話を中心とし、会話、単語、音読用文章、文型表現（文法説明）、口頭表現練習、クラス活動（会話練習）、翻訳練習、そして文化コーナーなどで構成している。各ユニットのトピックは、使用頻度の高いものから低いものへと設定し、外国人にとっての身近な話題（自己紹介、予定、手紙、名物さらに学習者自身の単位の履修問題等）を取り上げ、構成も易しい表現から難しい表現へという手順で作成した。さらに、それらのトピックに関連づけて文型や文法機能を解説している。なお、各ユニットの「1.2 覚えておきたい単語」「2.2 読むための単語」のピンインは1文字ずつ分かち書きにしている。

✥ 教材特徴

　毎回のレッスンで学習者に過重負担にならないように、1つ1つのユニットの分量を適切にし、レッスンの前後関係だけでなく、話す・読む・聞く・書く・翻訳の5技能の間にも相互関係を保ちながら、単語数や学習の難度を考慮して作成した。関連単語や例文も多くし、自分のことを表現するときに応用しやすい実践的な内容を編成した。そのため、この教材は5つのユニットしかなく、新しい単語も300程度しかないが、それが、限られた単語数の中で、最大量の文を組み立てるという特徴になっている。さらに、各ユニットの練習トピックスに身近な話題を用いて、コミュニケーションの実践ができるだけでなく、中国の文化に興味を持たせるために、各ユニットに関連コラムを付した。中国語を楽しく勉強し、即、実力がつくテキストである。

✣ この教材の使い方

　この教材は話す・聞く・読む・書く・翻訳の5技能を習得することを目的とする。まず、単語の発音や会話の練習で、学習者のイントネーションや発音上の不備に気を配り、矯正する。そして、会話の内容をしっかりと覚えさせて（暗唱練習）から話す練習へと移す。暗唱練習のときは、教師が一人一人の発音のチェックを行うことが重要である。暗唱練習ができたら、今度は文の構造や文法ルールを理解し、書かれている内容の理解と補助単語を吸収させる。このことによって、既習文型を自分におきかえて作文してみることができる。次は、生徒が自ら文を作り、他者と実際に会話をしてみる。それができたら、次は聞く練習へと進む。さらに、言語学習で最も難しい翻訳技能、すなわち文章を構成する力を育成するといった手順で行う。なお、10人程度のクラスの場合、各ユニットは大抵3回の授業で完成するが、20人以上のクラスになると各ユニットは3〜4回で進むのがベストである。

使える中国語

Unit 1 自我介绍

自己紹介の仕方や初対面での会話を通じて、基本的な定型の問答とそこからの展開の仕方を学ぶ

1 会話

1.1 会話 CD1

同学：这位同学，请问你叫什么？

美月：我叫铃木美月（Líng mù Měi yuè），美丽的美，月亮的月。你呢？

同学：我姓张，弓长张，叫文学（gōng cháng），文字的文，学问的学。

美月：这个名字很特别，你是专攻什么的？

同学：我专攻语言学，是交换留学生，来学日语的。你呢？

美月：我的专攻是中国文学。我喜欢看书和学做菜。你呢？

同学：除了学习语言外，我还喜欢运动，特别是慢跑。

美月：我不喜欢运动，不过，以后我们可以交换学语言，怎么样？

同学：那太好了！就这么说定了！

美月：当然！

1.2 覚えておきたい単語　CD2

自我介绍	zì wǒ jiè shào	自己紹介
这位	zhè wèi	見知らぬ人に呼びかける時によくつける。
		"这位先生""这位女士"など
同学	tóng xué	同級生、クラスメート
月亮	yuè liàng	月
特别	tè bié	特別である、特に
专攻	zhuān gōng	専攻、専攻する
交换	jiāo huàn	交換
除了～外	chú le ～ wài	～の他に、～以外に
还	hái	それに、また
运动	yùn dòng	スポーツ、スポーツをする
慢跑	màn pǎo	ジョギング
不过	bú guò	しかし、でも
以后	yǐ hòu	これから、以後、今後
怎么样	zěn me yàng	いかがですか
那	nà	それなら、それでは
太好了	tài hǎo le	とてもいいですね
这么	zhè me	このように、こんなに
说定	shuō dìng	話をきめる、約束する
当然	dāng rán	もちろん

2 読んでみよう

2.1 自己紹介 CD3

　　我叫铃木美月，今年二十岁。家在横滨，我家有四口人，爸爸、妈妈、哥哥和我。我爸爸是大学教授，教日本文学。妈妈是中日混血儿，会说汉语，她在翻译公司当翻译。我哥哥是新闻记者，他现在在美国。我现在是大学二年级的学生，专攻中国古典文学。在我中学的时候因为我爸爸的工作关系，我们全家在上海住过两年。也因此我对中国料理、文化特别感兴趣。将来，我想跟我爸爸一样当老师。

2.2 読むための単語 　CD4

横浜	Héng bīn	横浜
教授	jiào shòu	教授
混血儿	hùn xuè ér	ハーフ
翻译	fān yì	通訳、翻訳、通訳する、翻訳する
公司	gōng sī	会社
当	dāng	～になる、（職業、職種）の仕事に就く
新闻记者	xīn wén jì zhě	記者
年级	nián jí	学年
古典	gǔ diǎn	古典
因为～关系	yīn wèi ～ guān xi	～の理由により、なぜならば、～なので
全家	quán jiā	家族全員
～过	～ guo (guò)	～していた、～したことがある
因此	yīn cǐ	それで、なので
感兴趣	gǎn xìng qù (qu)	～に興味をもっている

3　身につけたい表現

(1) 原因や内容などを詳しく尋ねたり、説明したりする時の表現

|（是）|動詞句|的|
|你|（是）怎么来|的|

この場合"是"は省略できる。

- A. 你（是）（从）哪里来的？（あなたはどこから来たのですか。）
  - ▶ 我（是）（从）日本来的。（私は日本から来たのです。）
- B. 你（是）学什么的？（あなたは何を学んだ（でいる）のですか。）
  - ▶ 我（是）学理工的。（理工学なんです。）
- C. 你（是）怎么来的？（あなたはどうやって来たのですか。）
  - ▶ 我（是）走路来的。（私は歩いて来たのです。）
- D. 你的中文（是）在哪里学的？（中国語はどこで学んだのですか。）
  - ▶ 我的中文（是）在日本学的。（日本で学んだのです。）

(2) 過去の経験や出来事をいう表現

|（在）|時期|的時候|経験・出来事|
|（在）|我高中|的時候|我去过北京|

- A. （在）高中的时候，我去过北京。（高校の時、北京に行ったことがある。）
- B. （在）大学的时候，我学过世界地理。
  （大学の時、世界地理を学んだことがある。）

　　C、Dのような期間を特定しない場合は"在"を使わない。

- C. 小时候我学过两年英语。（小さい頃、2年間英語を習ったことがある。）
- D. 以前我想过当司机。（昔、運転士になろうと思ったことがある。）

Unit 1

(3) '除了～以外，我还～' の使い方

    A. 除了中文以外，我还喜欢学德语。
       （中国語のほかに、私はドイツ語を学ぶことも好き。）

    B. 除了睡觉以外，我还喜欢吃东西。
       （寝ること以外に、私は食べるのも好き。）

    C. 这里除了日本人以外还有中国人和美国人。
       （ここは日本人のほかにも、中国人とアメリカ人がいる。）

    D. 除了铅笔以外，我还买了 xiàngpícā mànhuà
                                            橡皮擦和漫画。
       （鉛筆のほかにも、消しゴムと本を買った。）

4 口頭表現練習

4.1 練習しよう

以下の専門分野・職業・趣味に関する補充単語を使って会話してみよう。

専門分野：	jiànzhù 建筑 (建築)	jīngjì 经济 (経済)	wùlǐ 物理 (物理)	yìshù 艺术 (芸術)
職業：	kǒuyì 口译 (通訳)	shòuhuòyuán 售货员 (販売員)	gōngsī zhíyuán 公司职员 (会社員)	gōngwùyuán 公务员 (公務員)
趣味：	yīnyuè 音乐 (音楽)	yóuyǒng 游泳 (泳ぐ)	kàn diànyǐng 看电影 (映画を見る)	zuò cài 做菜 (料理する)

(1) 専門分野を聞く【你是学什么的？】【你是哪一系的？】【你的专攻是什么？】

　　A．你是学什么的？（何を勉強していますか。）
　　▶ 我是学建筑的。（建築を勉強している。）
　　B．你是哪一系的？（何学科ですか。）
　　▶ 我是建筑系的。（建築学科です。）
　　C．你的专攻是什么？（ご専門はなんですか。）
　　▶ 我（的）专攻是建筑。（専門は建築です。）

(2) 職業を聞く【你是做什么的？】【你在哪里高就？】【你从事哪一种行业？】
　　知人の現在の職業を聞く場合は【你现在（在）做什么工作？】を使う。

　　A．你是做什么的？（職業は何ですか。）
　　▶ 我是记者。（記者です。）

B. 你在哪里高就？（どこでお仕事されていますか。）
▶ 我在出版社工作。（出版社で働いています。）
▶ 我在出版社上班。（出版社で働いています。）
C. 你爸爸是做什么的？（お父さんの職業は何ですか。）
▶ 我爸爸是公务员。（公務員です。）
▶ 我爸爸在邮局上班。（郵便局で働いてます。）

(3) 趣味を聞く【你的兴趣是什么？】【你对什么有兴趣？】【你喜欢做什么？】

A. 你的兴趣是什么？（趣味は何ですか。）
▶ 我喜欢听音乐。（音楽を聴くことです。）
B. 你对什么有兴趣？（どんなことに興味をもっていますか。）
▶ 我对音乐很感兴趣。（音楽に興味があります。）

4.2 話してみよう

4.1の質問のパターンを使って、中国語で3人のクラスメートから、「名前」「専門」「趣味」「将来つきたい職業」「お父さんの職業」を聞き出し、表に記入しよう。

（クラス活動時間：5分間）

〈質問文の例〉
你叫什么名字？　你的专攻是什么？　你的兴趣是什么？

姓名	专攻	兴趣	将来想当的职业	爸爸的职业
例：铃木美月	日语	看电视	当司机	厨师
1：				
2：				
3：				

5 練習問題

5.1 書いてみよう

A. 私は大学生で、中国語を勉強しています。

:::

B. 父は医者で、病院で仕事しています。

:::

C. 私の趣味はスポーツをすることです。

:::

D. 読書の他にも、音楽を聴くのが好きです。

:::

E. 私は中華料理が好きです、特に四川料理が。

:::

5.2 聞きとってみよう CD5

CD5の音声を聞いて次の質問に答えましょう。

A. "我"叫什么?

B. "我"今年几岁(多大)?

C. "我"在大学专攻什么?

D. "我"对什么很有兴趣?

E. "我"将来想当什么?

6 文章表現

中国語に訳してみよう

　私は陳建国と申します。私はアメリカ人で、今、東京に住んでいます。今年21歳で、東京大学の交換留学生です。私は日本に来て3ヶ月しかたっていませんが、日本の漫画と音楽に非常に興味を持っています。私の専門は日本文学で、特に日本の現代小説を読むことが好きです。

7 宿題

自己紹介を書いてみよう

「2 読んでみよう」「6 文章表現」を参考に 150 字程度で自己紹介を書いてみよう。

文化 → 紹介

💬 初対面の人に呼びかける

　日本と違って、中国では初対面の人に対しても、"你叫什么？""你是哪里人？""你来这里干什么？""你今年几岁？""你做什么工作？""你有兄弟姐妹吗？""你结婚了吗？""你有几个小孩？"などと、出身、年齢、職業、家族構成、結婚状態などについて尋ねることがよくあります。

　名前を知らない初対面の人に話しかける際には、その人の年齢や体つき、容貌や雰囲気、その場の状況などから判断して、"（这位）先生""（这位）小姐（太太、女士、大姐、同学）""老先生""老太太""小弟弟""小妹妹"のような表現を使います。子供が見知らぬ女性に呼びかける際には"姐姐""阿姨""老奶奶"など、男性には"哥哥""叔叔""老公公"などを用いるのが普通です。（方）

💬 名前を呼ぶ

　日本語では話し相手の名前を呼ぶことがあまりありません。相手の存在に気づいた時、相手に自分の存在に気づいてもらいたい時ぐらいではないでしょうか。日本人が人の名前を覚えるのが苦手なのには、このような言語習慣も関係があるのかもしれません。中国語ではずっと頻繁に相手の名前を呼びます。

　まず出会った時、"王老师""李一平"というように名前を呼び合うのが挨拶代わりになります。会話の途中でも、日本語で「ねえ」と言うようなタイミングで名前を呼びます。中国人の名前には一字のものが多いですが、その場合には、李平さんだったら"李平"とフルネームで呼んだり、"平平""小平"のように、二音節の呼び方をするのが普通です。"平"と呼ぶのは、恋人などの親しい間柄に限られます。（宮尾）

Unit 2 我的一天

予定の聞き方、答え方を通じて、習慣をいう表現を学ぶ

1 会話

1.1 会話 CD6

同学：美月，明天你要干什么？

美月：明天早上我得上课，下午我跟朋友去买东西，晚上我有打工。

同学：你每天都这么忙吗？

美月：不是每天都这么忙，星期三跟星期五有三节课，比较忙。

同学：你打工从几点开始呢？

美月：普通是从晚上六点开始到十点。

同学：你周末也打工吗？

美月：星期天不打。不过，星期六从早上十点到下午五点。

同学：这么辛苦啊！那你平常都几点回到家呢？

美月：不一定，有时候十点半，有时候更晚，星期五都得到十一点。

1.2 覚えておきたい単語　CD7

得	děi	〜しなければならない、〜するべき
上课	shàng kè	授業を受ける、授業をする
打工	dǎ gōng	アルバイト（をする）
都	dōu	いつも、全部
这么	zhè me	こんなに
节	jié	量詞。授業のコマ数を数える
从	cóng	〜から。起点を示す
开始	kāi shǐ	開始、スタート
普通	pǔ tōng	ふつう。"通常"（tōngcháng）ともいう。中国大陸では"一般"（yìbān）を用いることが多い
到	dào	〜までいたる。"从〜到〜"で「〜から〜まで」
周末	zhōu mò	週末
辛苦	xīn kǔ	疲れる、大変、つらい
平常	píng cháng	いつも、ふつう
回到	huí dào	〜に帰る、戻る
不一定	bù yí dìng	決まっていない、不定期である
有时候	yǒu shí hou (hòu)	時々
更	gèng	さらに、もっと
晚	wǎn	（時刻が）おそい

2 読んでみよう

2.1 私の一日　CD8

　　我每天早上七点半起床，刷牙、洗脸、吃完早餐后，八点半左右我从我的宿舍出发到学校去。除了星期四以外每天我有两三节课，我的课都从早上九点的第一节课开始，一直到下午三点左右。上完课后我得去打工，我很想参加学校的社团活动，但是由于上完课后我得去打工，所以我没有时间参加学校的社团活动。我打工的地方离我的宿舍很远，每天我大约在晚上十一点回到家，洗完澡，复习一下功课，十二点才能睡觉。

2.2 読むための単語 　CD9

起床	qǐ chuáng	起きる
刷牙	shuā yá	歯を磨く
洗脸	xǐ liǎn	顔を洗う
吃早餐	chī zǎo cān	朝食を食べる
左右	zuǒ yòu	〜前後、〜ぐらい、〜ほど
出发	chū fā	出る、出発する
一直	yì zhí	ずっと
参加	cān jiā	参加する
社团活动	shè tuán huó dòng	クラブ活動、部活などの集団で行う活動をいう
由于	yóu yú	〜のために、〜が原因で
所以	suǒ yǐ	なので、だから、それで
大约	dà yuē	おおよそ、だいたい
洗澡	xǐ zǎo	体を洗うこと、お風呂にはいる
一下	yí xià	ちょっと
才能	cái néng	ようやく、やっと〜することができる

3 身につけたい表現

(1) 場所や時間の出発と到着を示す表現

	从＋場所／時間	到＋場所／時間	動詞句
我	从高中	到大学	都住家里

日本語の「〜から〜まで」の用法に似ている。

A. 我从高中到大学都住家里。（高校から大学まで実家に住んでいた。）
B. 我上课从早上九点到下午三点半。
   （私は朝9時半から午後3時半まで授業を受けます。）
C. 从我家到学校要两个小时。（家から学校まで2時間かかる。）
D. 从东京到京都要一万日元。（東京から京都まで1万円かかる。）

(2) '到'の使い方

"到"は文での位置によって、以下の3つの用法がある

① 動詞としての用法：「到着する、決まった時間に着いた」

A. 春天到了。（春がきました。）
B. 他到了。（彼は着きました。）
C. 时间到了，请不要再写了。（時間だ、もう書くのをやめて下さい。）
D. 上课时间到了，请进教室。（授業の時間になった。教室に入って下さい。）

② 介詞としての用法：「〜まで」

介詞	場所／時間	介詞	場所／時間
从	我家／早上	到	学校／晩上

A. 从这里到车站要十分钟。（ここから駅まで10分。）
B. 我的工作时间是从早上到晚上。（仕事は朝から夜まで。）
C. 我的上课时间是从早上8点到下午3点。
   （授業の時間は朝8時から午後3時まで。）

③ 補語として持続した動作がある時点にまでいたることを表す：
「～まで～する」

（動詞＋名詞）	動詞＋**到**	時間
我　看书	看到	十二点

A. 我每天看电影看到很晚。（私は毎日遅くまで映画を見ています。）
B. 我每天睡到早上十点。（私は毎日10時まで寝ています。）
C. 我写功课写到手痛。（宿題を手が痛くなるまで書いていた。）

(3)'V完N'とその否定文'V不完'の使い方

A. 吃完饭后我看电视。（ご飯を食べてからテレビをみる。）
B. 看完书后我才能睡觉。（本を読み終わったら寝ることができる。）
C. 打完工后我就回家了。（バイトが終わると家に帰る。）

否定文：'V不完'
D. 功课太多我写不完。（宿題が多すぎてやりきれない。）
E. 东西太多我吃不完。（食べ物が多すぎてたべきれない。）
F. 考试太多我准备不完。（テストが多すぎて準備しきれない。）

(4)'V一下（N）'の使い方

A. 请坐一下。（どうぞ座って下さい。）
B. 请等一下。（ちょっと待って下さい。）
C. 请让我看一下。（ちょっと見せて下さい。）
D. 我洗一下澡，你坐一下吧。
　　（シャワーをちょっと浴びてくるから、ちょっとかけていて。）
E. 喝一下茶，再去吧。（まず、お茶をちょっと飲んでから行こうか。）

4 口頭表現練習

4.1 練習しよう

以下の「やること」・サークル・時間帯に関する補充単語を使って会話してみよう。

やること：	yuēhuì 约会 （デート）	kàn shū 看书 （本を読む）	xiě bàogào 写报告 （レポートを書く）	zhǔ fàn 煮饭 （食事の支度をする）
サークル：	huàjùshè 话剧社 （演劇部）	dēngshānshè 登山社 （山岳部）	shūfǎshè 书法社 （書道部）	wǔdǎoshè 舞蹈社 （ダンス部）
時間帯：	zhōngwǔ 中午 （お昼）	bàngwǎn 傍晚 （夕方）	wǎnshang 晚上 （夜）	shēnyè 深夜 （深夜）

（1）近い将来の予定を聞く【你晚上要干什么？】【你晚上有空吗？】

A. 你明天晚上要干什么？（明晚何をする予定ですか。）
▶ 我要写报告。（レポートを書く予定です。）
▶ 我没干什么，你有什么事吗？（別に何もないけど、用がありますか。）

（2）どんなサークルにはいっているかを聞く
【你参加什么社团活动呢？】【你有没有参加什么社团活动？】

A. 你参加什么社团活动呢？（どんな部活に参加していますか。）
▶ 我参加话剧社。（劇団に入っています。）
▶ 我什么社团活动都没参加。（部活に参加していません。）

(3) 仕事や学校の時間帯を聞く【从几点～到几点呢？】

A. 你工作都从几点开始到几点呢？　（仕事は何時から何時までですか。）
▶ 我工作都从凌晨十二点到隔天早上八点。
（私の仕事は深夜12時から翌朝の8時までです。）
B. 你都几点回到家呢？　（いつも何時に家に帰りますか。）
▶ 我都深夜十一点半回到家。（いつも深夜11時半に帰ります。）

4.2 話してみよう

4.1の質問のパターンを使って、中国語で3人のクラスメートから次の情報を聞き出し、表に記入しよう。

(クラス活動時間：5分間)

〈質問文の例〉
下个星期天你想干什么？　你参加什么社团活动呢？
你每天早上几点上课？　你每天晚上回家时间？

姓名	预定	社团	上课时间	回家时间
例：铃木美月	去看电影	网球社	不一定	五点
1：				
2：				
3：				

5 練習問題

5.1 書いてみよう

A. 週末何をする予定ですか。

　　..

B. 毎日お忙しいですか。

　　..

C. 毎朝何時に起きますか。

　　..

D. 授業が終わったら何をしますか。

　　..

E. あなたはいつもだいたい何時に寝ますか。

　　..

5.2 聞きとってみよう　CD10

CD10の音声を聞いて次の質問に答えなさい。

A. "我"每天晚上几点睡觉？

B. "我"每天早上几点起床？

C. 从"我"的宿舍到学校要几分钟？

D. 上完课后"我"得干什么？

E. "我"星期几没有打工？

6 文章表現

中国語に訳してみよう

　私は毎朝6時に起きて、7時半に家を出て、大学に行きます。私の授業はいつも9時からで、午後4時半頃までです。火曜と木曜はバイトがあって比較的忙しいですが、普通はいつも6時に家に帰ります。晩御飯が終わってから1時間半ぐらいテレビを見て、その後学校の宿題をし、11時くらいに寝ます。

7 宿題

スケジュールを書いてみよう

自分の1日のスケジュールについて120字程度で書いてみよう。

文化 ➔ 紹介

💬 夜？　夜中？

"日出而作，日入而息"中国の詩歌の祖とも言われる「撃壌歌」の一節ですね。太陽が昇ったら働き、沈んだら休む、現代の私たちにはなかなかできないことです。

　教科書によく"我晚上十一点睡觉。"のような表現が出てきます。現代の日本人、特に若い人で12時前に寝ている人は少ないのではないでしょうか。ある調査によれば、中国でも都市に住む人々の半数近くは、就寝時間が12時過ぎになっているそうです。夜中の1時や2時に寝る場合でも"晚上"と言ってよいのでしょうか。

　中国人の間でも個人差があるようですが、12時〜1時頃なら"晚上"でかまわないという人が多いようです。インターネット上では、午前3時でも"晚上三点睡"という用例がありました。一方、午前1時以降ならば"凌晨两点"の方がよいと言う人もいます。

　「夜中の」という感じで、"我夜里一点睡觉。"というのはどうでしょう。これに対しては多くの中国人が首を傾げます。"夜里"には人間が活動していない（活動しているのが不正常な）時間帯というニュアンスがあるようです。いつまでも寝ない子どもに対しては、"你夜里一点还不睡!!"と叱るのがぴったりですね。（宮尾）

Unit 3 讯息

用件の伝え方、伝言の仕方、たずね方を通じて、予定の表現を学ぶ

1 会話

1.1 会話 CD11

美月：妈，我回来了！

妈妈：你回来了啊！今天怎么这么晚呢？

美月：在学校跟同学讨论一些问题，所以才比较晚。

妈妈：哦！啊，对了！我今天接到你阿姨来的信。

美月：阿姨?! 她怎么了？有什么重要的事吗?

妈妈：她说她要来日本。

美月：她来日本干什么呢？

妈妈：她来出差，是她的公司派她来的。

美月：她什么时候来呢？

妈妈：还不确定，可能是下个月。

美月：下个月?! 那不是快到了吗？她打算来多久呢！

妈妈：一个多月吧。

1.2 覚えておきたい単語 CD12

回来	huí lái	ただいま。直訳では「帰ってくる」という意味
啊	a	(文末の場合)相手の話に同調し、注目したことを示す
	à	(文頭の場合)思い当たったり、気付いたりした時に使う。相手の気を引くための表現
怎么	zěn me	どうして、なぜ
一些	yì xiē	少し、わずか、ちょっと
哦	ò	「分かった」「なるほど」という気持ちを表す
	ó	「あれ？」疑問や驚きを表す
对了	duì le	そうだ（何かを思い出した時）
接到	jiē dào	受け取る
阿姨	ā yí	おば、年上の女性に対する呼びかけ
怎么了	zěn me le	どうしたの
重要	zhòng yào	重要である、大事である
出差	chū chāi	出張する
派	pài	派遣する
确定	què dìng	はっきりする、確定する
可能	kě néng	おそらく
那不是	nà bú shì	〜じゃありませんか
快到	kuài dào	もうすぐ
多久	duō jiǔ	どのくらい（時間の長さを表す）

2 読んでみよう

2.1 手紙　CD13

亲爱的春美你好

　　好久不见了，最近怎么样？有没有什么改变的？自从上次见面以来，一直都没有时间跟你联络。大家都还好吗？我还是老样子，没什么太大的改变，只是工作上比较忙了一点。最近，晚上经常加班，有时候甚至连周末都得到公司去。

　　对了，我写信给你是为了要告诉你，最近公司为了要扩大亚洲市场，有意派我到日本出差，可能的话我打算下个月去，也趁这个机会顺便去看看你们。不知道你们方不方便我的打扰？出发之前我会再跟你联络的。最后，请代我向大家问好，并祝

　　全家平安

美雪笔

2013 年 6 月 10 日

2.2 読むための単語 CD14

好久不见	hǎo jiǔ bú jiàn	お久しぶりです
自从～以来	zì cóng～yǐ lái	～以来。"自从"は「～から」
上次	shàng cì	前回、以前
一直（都）	yì zhí (dōu)	ずっと
跟～联络	gēn～lián luò	～に連絡する
还是	hái shi (shì)	依然として、もとのまま
老样子	lǎo yàng zi	変わりないこと、昔のまま
没什么	méi shén me	特に～しない、別に～ない、大した～ない
太大	tài dà	多すぎる、大きすぎる
只是	zhǐ shì	ただ～だけだ
加班	jiā bān	残業する
甚至连	shèn zhì lián	～ばかりでなく～でさえ
为了	wèi le	～のために、～なので
趁～机会	chèn～jī huì	この機会に
顺便	shùn biàn	ついでに
看看	kàn kan	ちょっと会う、会ってみる
打扰	dǎ rǎo	お邪魔する、人の家を訪問する
代～向～问好	dài～xiàng～wèn hǎo	～の代わりに～に宜しく伝える
并祝	bìng zhù	末筆ながら～を祈る

3 身につけたい表現

(1) '趁' の用法（～のついでに～する、～乗じて～する）

| 趁 | 機会（～的时候） | 動詞句 |

A. 下个月我要到法国，趁这个机会我想去参观法国的美术馆。
　　（来月私はフランスに行く。この機会にフランスの美術館を見学したい。）

B. （我）趁去日本的时候顺便去看朋友。
　　（日本に行くついでに、友人に会う。）

C. 他趁他爸爸不在的时候买了车子。
　　（彼はお父さんの留守をねらって、車を買った。）

(2) 'A 不 AB' パターンの反復疑問文

| A | 不 | AB |
| 方 | 不 | 方便 |

2 音節の動詞や形容詞の場合、反復疑問文には、"方便不方便？"だけでなく"方不方便？"のように"A 不 AB"パターンもある。

A. 你喜不喜欢吃中国菜？（你喜欢吃中国菜吗？）
　　（あなた中国料理を食べるのが好きですか。）

B. 你愿不愿意来我家？（你愿意来我家吗？）
　　（あなたは私の家に来たいですか。）

C. 你希不希望上大学？（你希望上大学吗？）
　　（あなたは大学に進学したいですか。）

(3) '没什么'の用法

（特に・別に〜ない、大した〜がない、なんでもない、何の〜もない）

- A. 我没什么改变，还是跟以前一样。
  （私は特に変わりなく、昔のままです。）
- B. 英国的英语跟美国的没什么不同的。
  （イギリスの英語とアメリカの英語はあまり変わらないです。）
- C. 我对他没什么意思。（彼には別に興味はないです。）
- D. 我已经没什么钱了。（もうお金がほとんどないです。）
- E. a：谢谢你的帮忙。
  （a：ご協力ありがとうございます。）
  b：没什么，请不用在意。
  （b：大したことではありません、気にしないで下さい。）
- F. a：发生了什么事了？
  （a：何かあったんですか。）
  b：没什么，只是看他有点儿不一样。
  （b：なんでもないです。ただ彼の様子が普段とちょっと違うだけです。）
- G. a：你们之间到底是什么关系？
  （a：あなた達一体どういう関係なのですか。）
  b：我们之间没什么关系。
  （b：私たち何の関係もないのです。）

(4) '只是'の用法と表現

① 「ただ〜だけだ」

- A. 没事儿，我只是感冒而已。（大したことではない。ただの風邪だ。）
- B. 这只是我的一点小意思。（これはただ私のほんの気持ちだけだ。）

② 相手を気遣う答え方

> 只是～上／方面　（比）较+マイナス表現　　一点／一些

"你怎么了？"（どうしたの？）と聞かれて、相手に心配をかけないように気を遣った表現。

A. 我很好，只是工作上比较忙了一点。
   （私は大丈夫です。ただ仕事が少し忙しくなっただけです。）
B. 我没事，只是最近（比）较累了一点。
   （私は大丈夫です。ただ最近少し疲れているだけです。）
C. 没什么，我只是有点儿感冒。
   （何でもないです。少し風邪をひいただけです。）
D. 没什么，只是工作压力方面较忙大了一些。
   （何でもないです。ただ仕事のストレスが少し強くなっただけです。）
E. 现在的工作很自由，只是薪水方面比较没有以前的好。
   （今の仕事はとても自由です。ただ給料の面では以前ほどよくありません。）

注：以上のような気遣い表現を使わない、直接的な返答の仕方ももちろんある。
　　"我感冒了！"（風邪をひきました。）
　　"我很累。"（私は疲れています。）

4 口頭表現練習

4.1 練習しよう

以下の4つのグループの補充単語を使って、会話してみよう。

A:	shēngbìng 生病 （病気になる）	gǎnmào 感冒 （風邪をひく）	gēn～chǎojià 跟～吵架 （～と喧嘩した）	bèi tōu 被偷 （～を盗まれた）
B:	bú tài hǎo 不太好 （あまりよくない）	mǎmǎhūhū 马马虎虎 （まあまあだ）	hái búcuò 还不错 （悪くない）	tuō nǐ de fú 托你的福 （おかげさまで）
C:	kāi gōngsī 开公司 （会社を起業する）	huányóu shìjiè 环游世界 （世界を周遊する）	chūguó liúxué 出国留学 （外国に留学する）	cānjiā kǎoshì 参加考试 （試験を受ける）
D:	lǚyóu 旅游 （旅行する）	qiàshāng 洽商 （商談をする）	zhǎo péngyou 找朋友 （友人を訪ねる）	cānjiā xuéhuì 参加学会 （学会に参加する）

A. 你怎么了？（脸色好象不太好的样子）（あなたはどうしたのですか。）
  ▶ 我的钱包被偷了。（財布を盗まれました。）

B. 你最近怎么样？（あなたは最近どうですか。）
  ▶ 我马马虎虎，只是工作上比较忙一点儿。
   （まあまあです。ただ仕事のほうがちょっと忙しいだけ。）

C. 最近有什么计划？（最近どんな計画がありますか。）
  ▶ 我想参加汉语水平考试。
   （漢語水平考試（HSK）を受けたいです。）

D. 你去日本干什么？（あなたは日本に何をしに行くのですか。）
  ▶ 我去日本洽商（谈生意）。（私は日本に商談に行きます。）

4.2 話してみよう

　4.1 の質問のパターンを使って、中国語で 3 人のクラスメートから、次の情報を聞き出して、以下の表に記入しよう。

（クラス活動時間：5 分間）

例：你怎么了？ → 没什么，我只是有点儿感冒。
　　你最近怎么样？ → 我最近工作很忙。
　　最近有什么计划？ → 我打算去日本。
　　你去日本干什么？ → 我去日本找朋友。

姓名	状态	近况	计划	去的目的
例：铃木美月	有点儿感冒	工作很忙	打算去日本	找朋友
1：				
2：				
3：				

5 練習問題

5.1 書いてみよう

A. 今日はどうしてこんなに遅いのですか。

_____

B. 何か大事な用があるのですか。

_____

C. どうして日本に来たのですか。

_____

D. 日本にどれくらい滞在する予定ですか。

_____

5.2 聞きとってみよう　CD15

CD15の音声を聞いて次の質問に答えなさい。

A. "我"打电话的目的是什么？

B. "我"预定什么时候去日本？

C. "我"搭(dā)哪一家的飞机？　＊搭：飛行機に乗る

D. "我"抵(dǐ)达(dá)哪一个机场？　＊抵达：到着する

E. "我"抵达机场的时间

F. "我"住的饭店叫什么？

G. 饭店的电话号码是几号？

6　文章表現

中国語に訳してみよう

　もしもし、美月さん、こんにちは。私は、数週間前に大学で知り合った（お会いした）留学生の張文通です。病気のために、最近、大学にずっと行けず、あなたにも連絡せずに、本当に申し訳ありません。でも、お医者さんに明日から大学に行ってもいいと言われました。明日、あなたは大学へ行くんでしょうか。今晩また電話します。さようなら。

7 宿題

メールを書いてみよう

　故郷の友人に対して、久しぶりの帰省に際し会いたいという内容のメール（形式は手紙と同じ。ただし署名は祈りの言葉から1行あけて文頭から書く）を120字程度で書いてみよう。

文化紹介

💬 手紙の書き方

中国語で友人に手紙やメールを書く場合、以下のような注意点がある。

① 冒頭の呼びかけの言葉は文頭から書き始める。親しい友人の場合は"亲爱的××你好"をよく使うが、一般的には"王××先生／小姐你好"を使う。

目上の人に宛てる場合は、"敬爱的××您好"とし、正式な場合は"王××钧鉴／尊鉴"と書く。

② 段落の始めは2字下げること。本文の始めには、時候の挨拶や、互いの近況についてなどの挨拶代わりの言葉が用いられる。

③ 次に、本来の用件を書く。

④ 文末に、祈りの言葉を書く。

⑤ 自分の署名の前に、"好友、忠实的朋友、小妹"のような相手との関係を自称する語を付ける。署名の後は"笔、敬笔、草、敬草"とし、それほど親しくない人の場合には"敬上、敬具、敬啟、謹啟"で結ぶ。

⑥ 最後の行に日付を明記する。正式な文章の場合は"六月二十日"のように漢数字を使う。

例文：

① 亲爱的美玉你好

　　② 好久不见了，自从毕业以后一直都没你的消息，最近还好吗？上了大学后我的日子除了上课之外，还得打工和参加社团活动，非常的忙。

　　③ 对了，我写信给你是想要问你什么时候回京都去。最近我可能会回去，假如你也回京都的话，我想去看看你。麻烦你给我回信。④ 最后祝
事事如意

　　　　　　　　　　　　　⑤ 好友花子笔
　　　　　　　　　　　　　⑥ 6月20日

（方）

文化 → 紹介

💬 はがき

　旅先から家族や友人に、旅行中のハプニングや感想を絵はがきにしたためて送るのは旅の楽しみの一つですね。今では、デジカメでとった写真をＥメールに添付して送る方が普通になってきているかもしれませんが。

　中国の観光地でも絵はがきをたくさん売っています。中国の絵はがきは（一部例外もありますが）英文のはがきと同様、横長で、右側半分が宛名欄、左側が通信欄になっています。宛先の書き方は普通の手紙と同じです。全部簡体字で書いても大抵は届きますが、心配なら、「日本」だけは簡体字で（日本語と同じ字体！）、残りは日本語の漢字で書く方が無難でしょう。日本から中国の友人に送る場合はちょうど逆で、「中国」は日本語の漢字で（簡体字と同じ字体！）、残りは簡体字で書きましょう。

　日本人は普通の通信にもはがきをよく使いますが、これは世界的に見れば少数派です。中国では旅先からの絵はがき、年賀状などの"賀卡"以外にはがきを使うことはあまりありません。

　2012年の中国郵政（日本の日本郵便に当たる）発行の年賀状の一等賞品はiPad2だったそうです。　　（宮尾）

Unit 4 饮食文化——小吃

うわさの確認、名物情報に関する問答を通じて、依頼表現を学ぶ

1 会话

1.1 会話　CD16

美月： 阿姨，听说台湾的东西很好吃，是真的吗？

阿姨： 当然是真的！特别是台湾的小吃既便宜又好吃。

美月： 哦?! 小吃?! 小吃是什么呢？

阿姨： 小吃的意思跟香港的点心是一样的，都是副餐的意思。

美月： 那，您知道什么地方有什么小吃吗？

阿姨： 当然知道，例如园林的肉圆，新竹的米粉，台南的担仔面等等，每个地方都有它特别的小吃和名产。

美月： 哪里的小吃最好吃呢？

阿姨： 每个地方的口味不一样，不过，台湾的小吃又以台南最有名。

美月： 为什么呢？

阿姨：因为台南是最早开发的港口及都市，小吃的种类也最多，口味也最道地。

美月：阿姨您会做担仔面吗？可以让我尝尝看吗？

阿姨：会是会，可是我做的口味不是很道地。

1.2 覚えておきたい単語　CD17

小吃	xiǎo chī	軽食、簡単な料理
听说	tīng shuō	聞くところによると～だそうです
真的	zhēn de	本当に、本当だ
点心	diǎn xīn	菓子や軽食の類、間食として食べる物
跟～一样	gēn～yí yàng	～と同じ
副餐	fù cān	軽食
肉圆	ròu yuán	肉団子
米粉	mǐ fěn	ビーフン
担仔面	dān (dàn) zǎi miàn	タンズ麺、肉味噌をかけた麺
口味	kǒu wèi	味
～又以～最	～yòu yǐ～zuì	～の中で～が最も
开发	kāi fā	開発する
港口	gǎng kǒu	港
道地	dào dì	本場の味。中国大陸では"地道"ともいう
让	ràng	許す、～させる
尝尝看	cháng cháng kàn	賞味してみる、食べてみる

2 読んでみよう

2.1 台湾の小吃　CD18

　　台湾小吃又以台南的小吃最有名，口味也最道地。原因是台南是最早开发的贸易港口及都市，小吃的种类也最多，例如：担仔面，碗粿，蚵仔煎等都是台南的名产。除了台南的小吃之外，园林的肉圆，新竹的米粉，屏东的猪脚等都是非常有名的。

　　小吃之所以受到一般民众喜爱的原因是因为这些小吃大多是物美价廉，不花时间，对忙碌的民众来说既可以节省时间又可以节省金钱。

　　小吃虽然不是讲究的高级料理，也没有使用昂贵的材料，却是最让当地人百吃不厌，也让外地人流连忘返的地方美食。

2.2 読むための単語　CD19

碗粿	wǎn kē	茶碗蒸しの一種
蚵仔煎	kē zǎi jiān	牡蠣オムレツ
受到	shòu dào	受ける、受け入れる
民众	mín zhòng	人々、一般人
这些	zhè xiē	これら
物美价廉	wù měi jià lián	ものがよくて値段も安い
花时间	huā shí jiān	時間を費やす、時間がかかる
对～来说	duì～lái shuō	～にとっては
忙碌	máng lù	忙しい
节省	jié shěng	節約する、はぶく
讲究	jiǎng jiū (jiù)	凝る、こだわる
昂贵	áng guì	高い、高価
却是	què shì	かえって
当地人	dāng dì rén	地元の人、その土地の人
百吃不厌	bǎi chī bú yàn	何度食べても食べあきない
外地人	wài dì rén	ほかの土地の人
流连忘返	liú lián wàng fǎn	名残惜しく去りがたい

＊本文中に出てくる小吃については「文化紹介」(p55) 参照のこと

3 身につけたい表現

(1) 一定の範囲内における評価（～の中でも、～が特に有名）

主題	又以	名詞	最＋評価
小吃	又以	台南的小吃	最　有名

A. 日本车又以丰田最有名。（日本車ではトヨタが最も有名です。）
B. 日本料理又以寿司最受欢迎。（日本料理では寿司が最も人気がある。）
C. 语言科目又以英语最有人气。（言語科目では英語が最も人気がある。）

(2) 謙虚な答え方の表現（～するのはできるが、あまりよくない）

A. 你会说中文吗？（あなたは中国語ができますか。）
▶ 会是会，可是说得不太好。
（できることはできますが、あまりうまくはないです。）

B. 你会开车吗？（あなたは車の運転ができますか。）
▶ 会是会，可是开得不好。
（できることはできますが、うまくはないです。）

C. 你会做菜吗？（あなたは料理がつくれますか。）
▶ 会是会，可是做得不好吃。
（できることはできますが、おいしくないんです。）

D. 你可以教我中文吗？（あなたは私に中国語を教えてくれますか。）
▶ 可以是可以，可是我的中文也不是很好。
（いいですけど、私の中国語もたいしてうまくないです。）

(3) '让'の用法

① 自由に～させる

許可主体	让	行為主体	行為
（你）	可以 让	我	听听看吗

A. 这个东西可以让我吃吃看吗？（これを食べてみてもいいですか。）
B. 可以让她去玩吗？（彼女を遊びに行かせてもいいですか。）
C. 我想学英语，可以让我学吗？
　　（私は英語を学びたいのですが、いいですか。）

注：'可以让'は'能让'に置き換えることができる。

A'. 这个东西能让我吃吃看吗？
B'. 能让她去玩吗？

② 原因・きっかけと結果

影響を与える話題	让	人	影響により変化した状態
小吃	让	外地人	流连忘返

A. 他让我想起一个老朋友。（彼は私に古い友人を思い出させる。）
B. 没意思的课让人想睡。（面白くない授業は眠くなる。）
C. 酒让人快乐，也让人不快乐。
　　（酒は人を楽しくさせ、また不快にもさせる。）

注：'让'は受身表現にも用いられる。

D. 他让老师骂了。（彼は先生に叱られた。）

(4) '之所以'の用法——理由の説明

```
もの・こと 之所以  結果                        是因为  理由
小吃   之所以  受到一般民众喜爱（的原因）是因为  它既便宜又好吃
```

A. 他之所以成功（的原因）是因为他不停的努力。
   （彼が成功したのは彼の不断の努力のおかげです。）

B. 寿司之所以受欢迎（的原因）是因为它方便又好吃。
   （寿司が最も人気があるのは、便利でおいしいからです。）

C. 他之所以生病是因为他工作太忙了。
   （彼が病気になったのは、仕事が大変忙しかったせいです。）

注:「之所以」は以下のように省略できる。

D. 他成功，是因为他不停的努力。

E. 寿司受欢迎，是因为它方便又好吃。

(5) '～虽然不是～却是（可是）～'の用法
　　　——逆説の表現（～ではないが、～である）

"却是（可是）"のあとに来る文がより強調される。

A. 他做的菜虽然不是高级料理，却是让人吃了还想再吃。
   （彼が作る料理は高級料理ではないけれど、食べるとまた食べたくなります。）

B. 他虽然不是最聪明的学生，却是最努力的。
   （彼は最も聡明な学生ではないが、最も努力した学生です。）

C. 韩国车虽然不是高级车，却是最经济的。
   （韓国の車は高級ではないが、最も経済的な車です。）

D. 他虽然不是很有钱，却很有理想。
   （彼はお金はありませんが、理想はもっています。）

(6) '对～来说'の用法

　A. 对日本人来说，米饭是主要的食物。
　　　（日本人にとっては、ご飯は主要な食べ物である。）

　B. 对老师来说，不认真的学生是最头痛的。
　　　（先生にとっては、不勉強な学生が最も頭の痛いものだ。）

　C. 对学生来说，考试是最痛苦的事。
　　　（学生にとっては、試験が最も苦痛なことである。）

　D. 对病人来说，休息是非常重要的。
　　　（病人にとっては、休息が非常に重要なことだ。）

4 口頭表現練習

4.1 練習しよう

以下の4つのグループの補充単語を使って会話してみよう。

A：	díquè 的确是 (たしかに)	tīngshuō 我也听说过,不过… (私も聞いたことはあ りますが、でも…)	我没吃过所以… (私は食べたこと がないので…)	qīngchu 我不是很清楚 (はっきりとは わからない)
B：	diànnǎo 电脑 (パソコン)	xiāngjiāo 香蕉 (バナナ)	wūlóngchá 乌龙茶 (ウーロン茶)	kē jì 科技 (科学技術)
C：	北京 (北京)	Shāndōng 山东 (山東)	Yǔdūgōng 宇都宫 (宇都宮)	Dǐngtàifēng 鼎泰丰＊ (鼎泰豊)
D：	bùxíng 不行！ (だめ)	可以是可以,可是 (かまわないことは かまわないが、しかし…)	对不起,我只有 (ごめんなさい、 私はただ…)	wèntí 没问题 (問題ありません)

＊台北にある小籠包の名店

A. 听说香港的料理很好吃，是真的吗？

(香港の料理はとてもおいしいというのは、本当ですか。)

▶ 我吃过,的确是很好吃。(食べたことがあります。確かにおいしいです。)

B. 台湾什么东西最有名（进步）呢？

(台湾ではどんなものが一番有名です（進んでいます）か。)

▶ 台湾，电脑最有名。(台湾はコンピューターが最も有名です。)

C. 你知道哪里的饺子最好吃呢？
　　（あなたはどこの餃子が一番おいしいか知っていますか。）
▶ 山东的水饺子最好吃。（山東の水餃子が最もおいしいです。）

D. 这个东西可以让我吃吃看吗？
　　（これを私が食べてみてもいいですか。）
▶ 对不起，这是我妈妈特地为我做的，我只有一个而已。
　　（ごめん、これは母が私のためにわざわざ作った1つしかないものなのです。）

4.2 話してみよう

　4.1 の質問のパターンと【日本・牛肉・车・松板・丰田】【台湾・乌龙茶・冻顶乌龙茶・小笼包・鼎泰丰】【中国・风景・万里长城・九寨沟】を使って、クラスメートの3人に聞いて、以下の表に記入しよう。
　＊全部中国語で聞き出すこと。　　　　　　　　　（クラス活動時間：5分間）

例：英国什么东西最有名？→英国风景最有名。
　　英国风景又以哪里的最有名？→英国风景又以北边的湖区最有名。

姓名	场所的著名物	著名物的最有名的地方
例：铃木美月	英国风景	北边的湖区
1：		
2：		
3：		

5 練習問題

5.1 書いてみよう

A. 日本の車はとてもいいそうですが、本当ですか。

B. どこのビールが最もおいしいですか。

C. 歌えますか、聞かせてもらえませんか。

D. 日本車の中でも特にトヨタが最もよく知られている。

E. 彼が成功できたのは、絶えず努力し続けたからです。

F. 外国へ旅行に行きたいのですが、行かせてもらえませんか。

G. 彼は最も金持ちというわけではないが、最もハンサムな男です。

5.2 聞きとってみよう　CD20

CD20 の音声を聞いて次の質問に答えなさい。

A. "我"听谁说法国的料理很好吃的?

B. 除了料理之外法国的什么东西也很有名?

C. 法国料理跟台湾的小吃或香港的点心不一样的地方是什么?

D. 法国料理比台湾的小吃高级吗?

E. 法国人的日常享受是什么?

6 文章表現

中国語に訳してみよう

　聞くところによると、日本料理はとてもおいしい料理で、日本料理の中でも寿司が特に有名です。寿司は一般民衆の手頃な食べ物でもあるし、日本人の心の高級料理でもあります。先週私は初めて本格的な日本料理、日本酒を味わいました。日本料理は安くはありませんが、種類が沢山あって、とても手間がかかります。日本酒の味は台湾の米酒を思い出させます。

7 宿題

故郷の名物を紹介してみよう

あなたの故郷の名物について、味、様子（外観）、中身、作り方を120字程度で書いてみよう。

文化紹介

🗨 食べる

　中国文化と言えば中国料理ですが、広大な中国のこと、地方色が豊かです。よく"南甜北咸，东辣西酸"（南は甘く、北は塩辛い、東は辛く、西はすっぱい）などと言われます。代表的な地方料理について、古来、八大料理とか十大料理とかいう言われ方がしてきましたが、現代の代表的料理は、北京料理、四川料理、上海料理、広東料理といったところでしょうか。日本と同様、最近は特に四川料理の人気が高く、北京や上海のような都市でも多くの新しい四川料理レストランを見かけます。

　「○○定食」に慣れた日本人にとって、たくさん並んだメニューから料理を上手に選ぶのはなかなかむずかしいことです。実は中国人にとっても料理の注文（"点菜"）はそうたやすいことではないようで、ウェブサイトやスマホのアプリなどで、メニュー選びを手伝ってくれるものもたくさん登場しています。それらも参考にして、皆さんもチャレンジしてみたらどうでしょう。いちばん食べたい料理を中心にして、材料や調理法に偏りが出ないように、テーブルを囲む人数プラス1～2種類の料理を選ぶ、というイメージで。（宮尾）

担仔面

米粉

Unit 4

文化 紹介

💬 有名な小吃

担仔面 dānzǎimiàn：台南
　煮込んだ挽き肉ともやし、にら、小エビを入れたラーメン

碗粿 wǎnkē：台南
　さまざまな具を入れた茶碗に餅米粉を溶いた汁をかけて蒸したもの

蚵仔煎 kēzǎijiān：台湾中南沿海地方
　牡蠣と野菜、玉子、餅米粉を混ぜ合わせ、平たくのばして焼いたもの

肉圓 ròuyuán：園林
　豚肉を餅米粉で包んで蒸した団子。皮は透明になる

米粉 mǐfěn：新竹
　スープビーフンと焼きビーフンがある

猪脚 zhūjiǎo：屏東
　豚足丸ごとを醤油と多種類の香辛料で煮込んだもの

潤餅 rùnbǐng：各地
　餅米でできた薄い皮で野菜を包んだ春巻きのようなもの

粽子 zōngzi：各地
　餅米とピーナツを炒めてから、蛋黄、豚肉、椎茸と一緒に筍の皮で包んだチマキ

筒仔米糕 tǒngzǎimǐgāo：各地
　餅米とさまざまな具を竹の筒に入れて蒸した米料理

（方）

粽子

Unit 5　商量——个人烦恼

予想外の出来事の出現と問題解決の相談を通じて、受身と推測・確定の表現を学ぶ

1　会話

1.1 会話　CD21

小王：美月，你拿到了期末考的成绩了吗？

美月：拿到了，我的法语被当了！

小王：什么?!你没在开玩笑吧！你每次都出席，怎么可能被当了呢？

美月：是真的！我也不敢相信。可能是因为我期末考考得不好的关系吧。有些考题蛮难的。

小王：搞不好是老师弄错了，你还是去找老师问问看吧。

美月：嗯。你呢？老师让你过了吗？

小王：你都没过了我怎么可能过。我不仅是笔试考得不好，再加上缺席了好几次。

美月：我们一起去找老师问问看吧。说不定老师会让我们补考呢！

小王：我看你最好是自己一个人去吧，我经常翘课，要是我跟你一起去的话，老师可能连见都不想见你。

美月：那你打算明年怎么办？

小王：只好重修了。你呢？

美月：我可能会选别的外语。

1.2 覚えておきたい単語　　CD22

拿到	ná dào	もらう
被当	bèi dāng (dàng)	単位を落とされる
开玩笑	kāi wán xiào	冗談を言う
怎么可能	zěn me kě néng	そんなことなんでありうるの
不敢相信	bù gǎn xiāng xìn	信じられない
考题	kǎo tí	試験の問題
蛮难的	mán nán de	ちょっと難しい
搞不好	gǎo bù hǎo	もしかすると
弄错	nòng cuò	間違える
还是	hái shi (shì)	やはり〜がいい
去找	qù zhǎo	会いに行く
过	guò	パスする
再加上	zài jiā shang (shàng)	それに加えて
说不定	shuō bú dìng	もしかすると、もしかして
补考	bǔ kǎo	補欠テスト・追試
最好是	zuì hǎo shì	〜した方がいい
翘课／逃课	qiào kè/táo kè	授業をサボる
连〜都（不）	lián〜dōu (bù)	〜さえしてくれない
只好	zhǐ hǎo	しょうがなく〜する
重修	chóng xiū	再履修する

2 読んでみよう

2.1 個人の悩み　CD23

　　这个学期为了赚取生活费我开始在餐厅打工了。只要一有时间我就去打工，突然间我的日子变得非常忙。由于我又参加排球社团活动，使得我连睡觉的时间都不够。因此经常旷课和迟到。最近又因为跟一个以前很要好的朋友吵架了让我更是睡不着。原因是我常常翘课和迟到而错过了老师的讲义和课题，只好跟她借讲义和笔记抄，可是她不但不肯借我，反而责备我不该没来上课。也因为不知道考试的内容，我的期末考考得非常差，好几门科目都被当了。这些科目要是明年再没修过的话，我可能会毕不了业了。

2.2 読むための単語　CD24

赚取	zhuàn qǔ	儲ける、稼ぐ
一〜就〜	yī〜jiù〜	〜になると〜をする
突然间	tū rán jiān	いきなり
旷课	kuàng kè	授業に出ない
很要好	hěn yào hǎo	仲がいい
吵架	chǎo jià	喧嘩する
睡不着	shuì bù zháo	寝られない、眠れない
错过	cuò guò	〜をやり逃した
讲义	jiǎng yì	講義プリント
抄	chāo	写す
反而	fǎn'ér	かえって、逆に、ところが
责备	zé bèi	責める
不该	bù gāi	すべきではない
差	chà (chā)	良くない
毕不了业	bì bù liǎo yè	卒業できなくなる

3 身につけたい表現

(1) '搞不好'，'说不定'，'可能' の用法
　　——推測の用法（もしかして、もしかすると、たぶん〜だろう）

　　　　搞不好　　（是）　　名詞　　（動詞＋的／了）
　　　　搞不好　　是　　他　　看错的

A. 搞不好是我听错了。（たぶん私が聞き間違った。）

B. 有人来了！搞不好是她。（誰かが来た！もしかすると彼かも。）

C. 他最近都没来上课，说不定是生病了。
（最近彼は授業に出てこない。もしかして病気かもしれない。）

D. 每次我都输，说不定这次我会赢。
（いつも負けるけれど、もしかすると今度は勝つかも。）

E. 他不跟我说话，可能是因为我笔记不借他吧。
（彼、私と喋りたくないのは、おそらく私がノートを貸さないから。）

F. 我怎么可能看错人。（私が人を見間違えるなどあり得ない。）

注："肯定是"，"一定是" はもっと主観的な推測になる。

G. 他又迟到了，肯定是昨天晚上喝太多酒了。
（彼はまた遅刻だ。きっと昨夜飲みすぎたに違いない。）

(2) '还是〜（吧）'，'最好是〜（吧）' の用法
　　——アドバイス（〜したほうがいい）

A. 你还是好好地学习吧。（あなたはもっとよく勉強したほうがいい。）

B. 你还是回去好好地反省吧。（あなたは帰ってよく反省したほうがいい。）

C. 你最好是自己一个人去。（あなたは一人で行ったほうがいい。）

D. 你最好是多学些英文比较实用。
（あなたはもっと英語を勉強したほうがより実用的でしょう。）

(3) '要是～的话'の用法──仮定条件

要是	動詞句	（的話）	動詞句
要是	你努力学习	的話	你就不被当

A. 要是可以让我看的话，我就请你吃饭。
(見せてくれたら、食事をおごるよ。)

B. 要是我想娶你的话，你可以嫁给我吗？
(君を妻にしたいと言ったら、結婚してくれるか。)

C. 要是不努力的话，怎么可能成功呢。
(努力がなければ、どうやって成功できるというのか。)

D. 要是你把功课写完了，就可以出去玩。
(宿題を終わらせたら、遊びに行ってもいいよ。)

(4) '一～就～'，'只要～就'の用法──必然を表す
　　 (～すると（いつも）になる、～さえすれば～になる)

A. 他一有时间就去打工。(彼は時間があるといつもバイトをする。)
B. 春天一到花就开。(春が来ると花が咲く。)
C. 一生气他就骂人。(怒ると彼はいつも人をののしる。)
D. 车子一到我们就出发。(車が来たらすぐに出発する。)
E. 每天九点一到我们就开始上课。(毎日9時になると授業が始まる。)
F. 只要下雨就有水喝了。(雨さえ降れば、水が飲める。)
G. 只要他肯来事情就可以解决了。(彼が来てくれれば、事は解決できる。)

(5) 予想に反した事実の出現を示す表現

主語	不但	否定	動詞句	反而	動詞句
爸爸	不但	没有	鼓励我	反而	骂我

A. 他不但没有感谢我，反而骂我多事。
(彼は感謝するどころか、よけいなお世話と私に言った。)

B. 打工不但没有改善我的生活，反而让我的学习结果更差。
   (アルバイトで私の生活はよくならなかっただけでなく、成績を一層悪くした。)
C. 酒不但没有让我快乐，反而让我更痛苦。
   (酒は私を楽しくしてくれなかったどころか、もっと辛くした。)
D. 老师不但不肯给我机会，反而把我当了。
   (先生はチャンスをくれなかっただけでなく、私の単位を落とした。)

(6) '因为～而' の用法——因果関係（～が原因で～になった）

主題	因为	理由	而	結果
小吃	因为	既便宜又好吃	而	受到一般民众喜爱

A. 他因为抽烟(chōuyān)而患了癌症。(たばこが原因で彼はガンを患った。)
B. 他因为不努力而被当了。
   (彼は努力しなかったことが原因で単位を落とされた。)
C. 他因为没钱缴学费而被退学了。
   (彼は学費を払う金がないため、退学させられた。)
D. 他们因为个性不合而分手了。
   (性格が合わないため、彼らは別れた。)

(7) '连～都（＋否定文）～'——最低条件や類推を強めた表現
   （～さえしたくない、～してくれない、～でさえ～できないのに）

A. 因为我们吵架了，现在他连见都不想见我。
   (喧嘩が原因で、今では、彼は会ってさえくれない。)
B. 他连再见都没说就走了。(彼、さよならさえ言わずに行ってしまった。)
C. 他病得连水都喝不下了。(彼は病気で、水さえ飲めなくなった。)
D. 我累得连饭都不想吃了。(私は疲れ過ぎて、ご飯さえ食べたくない。)
E. 他常说谎，所以他的话我连听都不想听。
   (彼はよく嘘を付いたから、もう彼の話は聞きたくもない。)

F. 他连三流学校都考不上了，还想进东大！
(彼は三流大学さえ受からなかったのに、東大を目指すだなんて。)
G. 连那种男人她都要。(あのような男でさえ、彼女は欲しがる。)

(8) '被' の用法

① 被害を表す

被害主体	被	動作主体・自然災害	行為
我（的）	被	老师	当了

A. 我被妈妈骂了一顿。(私は母に叱られた。)
B. 我的脚踏车被小偷偷了。(自転車を泥棒に盗まれた。)
C. 我的男朋友被那个女人抢走了。(彼氏をあの女に奪われた。)
D. 花瓶被小孩子打破了。(花瓶が子供に壊された。)
E. 我被雨淋了。(雨に降られた。)
F. 房子被海啸(hǎixiào)冲走了。(家が津波にのまれた。)

② 被害でない受身を表す

主題	被	動作・作用主体	動作・作用
去年我的英文是	被	铃木老师	教的

A. 他的数学是被王老师教的。(彼は数学を王先生に教わっている。)
B. 国家的 政权(zhèngquán) 被他搞得乱七八糟了。
(国家の政権は彼によってめちゃくちゃになった。)
C. 人民的思想被教育改变了。(人民の思想は教育によって変わった。)

4 口頭表現練習

4.1 話してみよう

【可以，应该，还是，最好是，千万不要】などと、以下の3つのグループの補充単語を使って友人の相談にアドバイスしてみよう。

A:	重修 (再履修)	shāngliáng 商量 商量 (相談する)	修别的外语 (他の外国語をとったら)	修别的老师的 (他の先生のをとる)
B:	dàoqiàn 道歉 (謝る)	wùhuì qīngchǔ 把误会说清楚 (誤解を解く)	别再见到他 (二度と会わないように)	别太在意 (気にしない)
C:	叫你妈妈教 (お母さんに教えてもらう)	càipǔ 买本菜谱 (料理本を買う)	xiànchéng 去餐厅买现成的 (出前を頼む)	suíbiàn 随便煮煮 (適当に作る)

A. 我的第二外语被当了，我该怎么办呢？
　　（第二外国語を落とされたが、どうすればいいのか。）
▶ 你还是明年在重修一次吧。
　　（来年もう1回受けなおしたほうがいいだろう。）

B. 我跟朋友吵架了，我该怎么办呢？ （友人と喧嘩したが、どうすればいい。）
▶ 你应该去跟他道歉。（謝りに行くべきだ。）

C. 我想请朋友吃饭，可是我不会做菜，我该怎么办呢？
　　（友人を家に食事に招待したいけど、料理できない、どうすればいい。）
▶ 你可以打电话叫你妈妈教你。（お母さんに電話して、教えてもらえば。）

4.2 尋ねてみよう

【你最近怎么都没来上课呢？你到底发生了什么事了？】【你最近怎么经常迟到呢？你怎么了？】を使って、クラスメートの3人に聞いて、以下の表に記入しよう。なお、答えの理由説明については以下を参照のこと。

(クラス活動時間：5分間)

1：家里发生一些事 / 奶奶去世 / 流行性感冒 / 到外国旅行 / 懒的来 / 学校学不到东西
2：我赶论文熬夜了 / 打工打到很晚 / 邻居太吵睡不着 / 早上起不来 / 住的太远了 / 路上塞车

姓名	1 没来上课的原因	2 经常迟到的原因
例：铃木美月	她觉得来学校学不到什么东西	她住的太远了
1：		
2：		
3：		

5 練習問題

5.1 書いてみよう

A. 英語を落とされたと聞いたけど、本当ですか。

B. 何！ 退学する?! 冗談じゃないでしょうね。

C. 先生に確認しに行ったほうがいいでしょう。

D. あなたでさえ受からなかったのに、何でこの私が。

E. 授業をよくサボったので単位を落とした。

F. タバコが原因で、彼は癌になった。

G. 忙しいのが原因で、寝る時間さえ足りなかった。

H. 渋滞が原因で遅刻した。

I. 彼女は金を貸してくれないだけでなく、私に説教した。

J. 授業をよく休んだせいで、テストがまったくできなかった。

5.2 聞きとってみよう　CD25

CD25の音声を聞いて次の質問に答えなさい。

A. "我"家里为什么无法供应我继续念大学?

B. "我"的大学还有几年才能念完?

C. "我"的打工是做什么的?

D. "我"打工的目的是什么?

E. "我"打工都得打到几点?

F. 有些同学都以为"我"拚命打工是为了做什么?

G. 要是"我"跟他们一样那么有时间的话，"我"会怎么样?

6　文章表現

中国語に訳してみよう

　大学生になると、個人的な都合で授業をサボったり、病気だと嘘を付いて休むような学生もいる。しかも、こういった学生に限って、授業についていけないだけでなく、時にはすでに説明の済んだ内容を授業の中で繰り返し聞いたりする。これによって、授業が進まなくなり、他の学生の学習の進度も影響を受けてしまう。

　私は毎回授業に出ていたが、期末テストの時はバイトが忙しく、準備する時間がなかったため、試験がよくできなかった。たぶんそれが原因で、私は単位を落としてしまった。しかし、先生にとっても不勉強な学生は頭痛の種だ。両親の期待を裏切らない（不辜负）ためにも、来学期はちゃんと頑張って勉強しよう。

7 宿題

悩みを相談してみよう

　親、友人、または先生に対して、いつ、誰と、どんなきっかけで、どういった状態になり、それがあなた自身にどう影響したかを説明し、解決へのアドバイスを求める文章を120字程度で書いてみよう。

文化 紹介

💬 言葉と文化

　自分で制御できない結果を受身構造で表現することによって、自己責任を回避していると考えられることもある。欧米では単位を落とされたときは "I didn't do well. I couldn't pass it."「私はそれをパスできなかった」といい、自己の努力が足りないことを認めて、その責任の所在をはっきり表現する。これに対して、たとえ、自分の努力不足が原因で落とされたとしても、中国語では日本語と同様に"被当了"（落とされた）と表現する。また、例えば「財布を失くした」という事実を中国語で表現する場合、"我的钱包掉了。"というと自分の不注意で財布を落としたことになるが、"我的钱包被偷了。"と表現すると、自分では回避できない出来事だったということになり、被害者のニュアンスが強くなる。ミスの所在を問われた時、「仕手」(加害者) 側として表現するよりも、「受け手」(被害者) 側で表現したほうが責任を負わずに済むことがある。こうした表現には文化的、中でも仏教的な思想も影響していることも考えられる。自分のミスであっても受身で表現することによって、結果の決め手は他者で、自分はその結果をコントロールすることができなかったということになると、責任を問われずに済むかも知れない。

　こうして、ちょっとした言葉の表現からも文化背景及びその価値観がうかがわれることがある。（方）

文化 〰️ 紹介

💬 相づちを打つ

「昨日学校でね」「うんうん」「先生がね」「うんうん」「何よ、相づちばっかりで、人の話を全然聞いてないじゃない！」「うんうん」……などということもありますが、相づちは、自分が相手の話を聞いていることを示し、話の継続を促す（時には、自分が話す番だという宣言になることもあります）働きをします。中国語でも、日本語ほど頻度が高くないとも言われますが、相づち表現がよく使われます。

"嗯""对（呀）""是（啊）"などは、日本語の「うん、へえ、はい」というような感じですし、日本語でひところ失礼だと話題になった「ほんと？」「うっそー！」に当たる"真的？""不会！"のような表現も使われます。

相づちの身体的表現である「うなずき」は、はっきりとした同意を示す場合を除いては、中国ではあまり使われないようです。なにげないうなずきを同意ととられて思わぬ誤解を生むこともあるので、注意しましょう（ここはうなずいても大丈夫）。（宮尾）

訳例と解答例

Unit 1
1.1 会話（訳例）
同学：あのう、お尋ねします。名前はなんというのですか。
美月：私は鈴木美月で、"美麗"の美に、"月亮"の月です。あなたは？
同学：私は苗字は張、弓と長いの張、名前は文通、文字の文に、学問の学です。
美月：なかなかいい名前ですね。何を専攻しているのですか。
同学：私は言語学を専攻している、交換留学生で、日本語を学びにきました。あなたは？
美月：私の専攻は中国文学です。私は読書と料理が好きです。あなたは？
同学：言葉を学ぶほかに、スポーツが好きで、特にジョギングが好きです。
美月：私はスポーツは好きではありませんが、これから互いに言葉を学びあいませんか。
同学：それは、いいですね。そうしましょう。
美月：もちろんです。

2.1 自己紹介（訳例）
　私は鈴木美月といいます。今年20歳です。家は横浜で、父、母、兄と私の4人家族です。父は大学教授で、日本文学を教えています。母は中国と日本のハーフで、中国語が話せます。通訳の会社で通訳をしています。兄はジャーナリストで、今アメリカにいます。私は大学2年生で、中国古典文学を専攻しています。中学生の時、父の仕事の関係で、2年間家族で上海に住んでいました。だから私は中国料理や中国文化にとても興味があります。将来は父のように、先生になりたいと思います。

5.1 書いてみよう（解答例）
A. 我是大学生，专攻中文。
B. 我爸爸是医生，在医院工作。
C. 我的兴趣是运动。

D. 除了看书以外，我还喜欢听音乐。
E. 我喜欢中国料理，特别是四川料理。

5.2 聞きとってみよう
（問題文）
　　我叫王大中，国王的王，大小的大，中国的中。我是中国人，今年二十七岁，在大学专攻世界历史。我对日本文化很感兴趣，特别是日本建筑和日本音乐。将来我想当中日的口译或翻译员。

（解答例）
A. 我叫王大中。
B. 今年二十七岁。
C. 在大学专攻世界历史。
D. 日本文化。
E. 中日的口译或翻译员。（中文和日文的翻译）

6 文章表現（解答例）
　　我叫陳建国，美国人，我现在住在东京。我今年二十一岁，是东京大学的交换留学生。我来日本（虽然）才3个月，（但是）我对日本的漫画和音乐非常感兴趣。我的专攻是日本文学，我特别喜欢看日本的现代小说。

Unit 2

1.1 会話（訳例）
同学：美月、明日あなたは何をするのですか。
美月：明日の朝私は授業にでなければなりません。午後は友達と買い物に
　　　行き、夜はバイトがあります。
同学：あなたはいつもそんなに忙しいのですか。
美月：毎日こんなに忙しいわけではありません。水曜日と金曜日は授業が3
　　　コマあるので、比較的忙しいです。
同学：バイトは何時からですか。
美月：普通は夜6時から始まり10時までです。

同学：週末もバイトをするのですか。
美月：日曜日はしません。でも、土曜日は朝10時から午後5時までです。
同学：そんなに大変なの。では、普段何時に家に帰るのですか。
美月：決まっていません。時には10時半だったり、時にはもっと遅くなったりします。金曜日はいつも11時になります。

2.1 私の一日（訳例）
　　私は毎朝7時半に起きます。歯磨き、洗面、朝食を済ませてから、8時半ごろ寮を出て学校に行きます。木曜日以外は毎日2〜3コマ授業があります。授業は毎日朝9時の第一限からで、午後3時ごろまであります。授業が終わるとアルバイトに行かなければなりません。そのため、学校のサークル活動に参加したくてもそうする時間がありません。アルバイトの場所は寮から遠く、毎日帰宅は夜11時ごろになります。風呂に入り、授業の復習をして、寝るのは12時ごろになります。

4.1 練習しよう（解答例）
（1）　我要跟我男朋友约会。（ボーイフレンドとデートする予定です。）
　　　我得（帮忙煮）饭。（食事のしたくをしなければならない。）
（2）　我参加登山社。（山岳部に入っています。）
　　　我参加书法社。（書道部に入っています。）
　　　我参加舞蹈社。（ダンス部に入っています。）
（3）A　我的工作都从中午开始。（私の仕事はお昼からです。）
　　 B　我都傍晚四、五点就回到家了。
　　　（私はいつも4時から5時くらいに家に着きます。）

5.1 書いてみよう（解答例）
A. 周末你想干什么?
B. 你每天都这么忙吗?
C. 每天早上你都几点起床呢?
D. 上完课后你都干什么
E. 你都几点睡觉?

5.2 聞きとってみよう
（問題文）
　我每天晚上很晚睡觉，早上很晚起床，起床后、吃完早餐就到学校去。从我的宿舍到学校要四十五分钟。上完课后我得参加学校的舞蹈社团活动，所以比较忙。除了星期一和星期四以外我每天都有打工。每天我大约在晚上十一点回家，十二点睡觉。

（解答例）
A. 我每天晚上都十二点睡觉。
B. 很晚起床。
C. 要四十五分钟。
D. 参加学校的舞蹈社团活动。
E. 星期一和星期四没有打工。

6 文章表現（解答例）
　我每天早上六点起床，七点半从我家出门到学校去。我的课都从九点开始到下午四点半左右。除了星期二和星期四我有打工比较忙，普通我都六点回家。吃完晚饭后我看一个半小时的电视，然后才开始做学校的作业，晚上大约十一点睡觉。

Unit 3
1.1 会話（訳例）
美月：お母さん、ただいま。
妈妈：おかえりなさい。今日はどうしてこんなに遅いの。
美月：学校で友達と勉強のことについて話し合っていたので、ちょっと遅くなってしまったの。
妈妈：そうなの。あ、そうだわ。今日、あなたのおばさんからの手紙を受け取ったわ。
美月：おばさん。おばさんがどうしたの。なにか大事なことでもあるの。
妈妈：おばさんが日本にくるそうよ。

美月：日本に何をしに来るの。
妈妈：出張だって。会社から派遣されてくるのだそうよ。
美月：いつ来るの。
妈妈：まだ確定ではないけれど、おそらく来月だそうよ。
美月：来月。それじゃあもうすぐではないの。どのくらい来ている予定なのかなあ。
妈妈：1ヶ月あまりよ。

2.1 手紙（訳例）

春美様

　ご無沙汰しています。お元気ですか。お変わりありませんか。この前お会いしてから一度も連絡を差し上げていませんが、皆さんお元気でしょうか。私は相変わらずです。特に変わったことはありません。仕事はだいぶ忙しくなりました。最近はしょっちゅう残業で、週末に出社しなければならないこともあります。

　（そうそう、）お知らせしたいことがあってお手紙を書きました。アジア市場拡大のために会社から日本に派遣されることになりました。できれば来月日本に飛びたいと思います。よい機会なので皆さんにお会いしたいと思いますが、お邪魔してもよろしいでしょうか。こちらを出る前にもう一度連絡します。皆さんによろしくお伝えください。

　　　　　　　　　　　　　　　　　　　　　　　　　　　　　　美雪
　　　　　　　　　　　　　　　　　　　　　　　　　2013年6月10日

4.1 練習しよう（解答例）

A 　我生病了。（病気になりました。）
　　我好像是感冒了。（風邪のようです。）
　　我跟我妹妹吵架了。（妹とけんかしました。）

B 　我不太好，我找不到工作。（あまりよくない。仕事が見つからない。）
　　还不错，我生孩子了。（悪くない。子どもが生まれました。）
　　托你的福，我考上大学了。（おかげさまで大学に受かりました。）

C 　我想出国留学。（外国に留学したいです。）

	我想一个人去环游世界。（一人で世界を周遊したいです。）

我想自己开公司。（自分で会社を興したいです。）

D　我想去日本旅游。（日本へ旅行に行きたいです。）

我想去日本找朋友。（日本へ友だちを訪ねに行きたいです。）

我想去日本参加学会。（学会に参加するため日本に行きたいです。）

5.1 書いてみよう（解答例）

A. 今天怎么这么晚呢？

B. 有什么重要的事吗？

C. 你来日本干什么呢？

D. 你打算来（待）多久呢？

5.2 聞きとってみよう

（問題文）

（留守番電話）

　　喂，春美，你好，是我，我是美雪。很不巧你们都不在。上次我寄给你的信不知道你收到了没有？在信上我告诉你我会去日本的事，今天我打电话给你就是为了告诉你我去日本的时间的。我预定在下星期五，七月二号搭下午两点半的日亚航的飞机到东京，抵达成田机场的时间是晚上七点左右。到了饭店后我会再跟你们联络的。对了，我住的饭店是天王饭店，电话是03-2798-5641。再见！

（解答例）

A. 为了告诉你我去日本的时间

B. 七月二号

C. 日亚航的飞机

D. 成田机场

E. 晚上七点左右

F. 天王饭店

G. 03-2798-5641

6 文章表現（解答例）

　喂，美月你好，我是张文通，几个礼拜（星期）前跟你在大学里认识的那位留学生。因为生病的关系，所以最近我一直都没到学校去，也没跟你联络，非常抱歉。不过，医生说明天我就可以去上学了。不知道你明天会不会到学校去？晚上我再打电话给你（给你打电话），再见。

Unit 4
1.1 会話（訳例）
美月：おばさん、聞くところによると台湾のものはとてもおいしいそうですが、本当ですか。
阿姨：もちろん本当ですよ。とくに台湾の小吃は安くておいしいです。
美月：えっ、小吃？「小吃」って何ですか。
阿姨：小吃の意味は香港の「点心」と同じで、副食の意味です。
美月：じゃあ、どこでどんなものを作っているか知っていますか。
阿姨：もちろん知っています。たとえば、園林の肉団子、新竹のビーフン、台南のタンズ麺など、どの土地にもみな名産があります。
美月：どこの小吃が一番おいしいですか。
阿姨：どの土地の味もそれぞれ違いますが、台湾の小吃では台南が一番有名です。
美月：どうしてですか。
阿姨：なぜなら台南は一番早く開発された港であり都市だからです。小吃の種類も最も多く、味も本物です。
美月：おばさん、タンズ麺が作れますか。私に食べさせてくれませんか。
阿姨：できることはできるけれど、私の味は、本場のものではありませんよ。

2.1 台湾の小吃（訳例）
　台湾の「小吃」の中では台南の「小吃」がもっとも有名で、味も本物です。台南は台湾ではもっとも早く開発が進んだ貿易港であり、都市だからです。種類もたくさんあります。たとえば、担仔麺、碗粿、蚵仔煎などは台南の名物です。台南以外では、園林の肉圓、新竹の米粉、屏東の豚足などが有名です。

「小吃」が人々に好まれる理由は値段が安くておいしく、時間をかけずに食べられることで、忙しい人々にとって時間もお金も節約できるからです。

「小吃」は凝った高級料理ではなく、高価な材料も使っていませんが、その土地の人々にとってはいくら食べても飽きることがなく、外から来た人にとっては帰りたくなくなるほどのローカルグルメです。

4.1 練習しよう（解答例）

A　我也听说过，不过我还没吃过。
　　我没吃过所以我不知道。
　　我不是很清楚，不过我也听说了。

B　台湾，乌龙茶最有名，乌龙茶又以冻顶的最有名。
　　台湾的香蕉非常有名。
　　台湾的科技非常进步。

C　北京的饺子最好吃。
　　饺子，鼎泰丰的最好吃。（鼎泰丰的饺子最好吃。）
　　日本的宇都宫的饺子最好吃。

D　不行，这是我的。
　　可以是可以，可是我只有这一个。
　　没问题，你吃吧。

5.1 書いてみよう（解答例）

A. 听说日本车非常好，是真的吗？
B. 啤酒，哪里的最好喝？／哪里的啤酒最好喝？
C. 你会唱歌吗？可以让我听听看吗？
D. 日本车又以丰田的最有名。
E. 他之所以成功是因为他不断地努力。
F. 我想去外国旅行，可以让我去吗？
G. 他虽然不是最有钱的，却是最英俊的。

5.2 聞きとってみよう
(問題文)
　　不久前我听我的一个外国朋友说、法国料理很好吃，法国的葡萄酒更是非常有名。不过我也听说法国的料理不像台湾的小吃或香港的点心那么简单方便和便宜。法国的料理非常讲究，使用的材料也非常特别，因此它的口味也很特别。吃法国料理再加上一杯法国葡萄酒也成为一般法国人的日常享受。法国料理又因种类不同的葡萄酒而著名。现在更成为世界闻名的精致料理。

(解答例)
A. 我的一个外国朋友。
B. 葡萄酒。
C. 不像台湾的小吃或香港的点心那么简单方便和便宜。
D. 是的。
E. 吃法国料理再加上一杯法国葡萄酒

6 文章表現（解答例）
　　听说日本料理非常好吃，日本料理中又以寿司特别有名。寿司即是一般民众的经济食物，也是日本人心中的高级料理。上个礼拜我第一次去吃了道地的日本料理也喝了日本酒。日本料理虽然不便宜但是种类很多，也非常精致。日本酒的味道也让我联想到台湾的米酒。

Unit 5
1.1 会話（訳例）
小王：美月、期末の成績を貰いましたか。
美月：貰ったけど、フランス語落とされちゃった。
小王：なに。冗談じゃないでしょうね。あなた毎回出席していたのに、そんなことありえない。
美月：本当よ。自分でも信じられないけど、期末テストのせいだと思う。テスト問題がかなり難しかったの。
小王：もしかして先生が成績を間違えたのかもしれない。先生に相談に行っ

たほうがいいよ。
美月：うん。ところで、あなたは。パスした？
小王：あなたでさえパスできなかったのに、なんでこの私が。私は筆記テストができなかったし、それに、欠席も結構あったから。
美月：一緒に先生に会いに行こうか。もう1回テストを受けさせてくれるかも。
小王：あなた一人で行ったほうがいいよ。私はよくサボったから、一緒に行ったら、先生は会うチャンスさえくれないと思う。
美月：では、来年はどうするの。
小王：授業をもう1回受けるしかないでしょう。あなたは？
美月：私は他の外国語を選ぶかも。

2.1 個人の悩み（訳例）
　生活費を稼ぐために今学期からアルバイトを始めました。少しでも時間が空くとアルバイトに行くので、日々の生活が急にとても忙しくなりました。バレーボールのサークルにも入っているので、睡眠時間も足りなくなりました。そのためにしょっちゅう遅刻したり授業をさぼるようになりました。その上、仲のよい友だちと最近けんかをして、いっそう眠れなくなりました。私がよくさぼったり遅刻したりして講義を聞かなかったり課題を知らなかったりして、彼女から講義録やノートを借りざるを得ませんでした。しかし、彼女が貸してくれず、そればかりか授業に出ないとだめだと私を責めたのがけんかの原因です。試験の内容も知らなかったので、期末試験の成績はさんざんなもので、何科目も落としてしまいました。来年も単位をとれなければ卒業できなくなるかもしれません。

4.1 練習しよう（解答例）
　　A　　你应该去找老师商量商量。（先生に相談しに行くべきだ。）
　　　　　你最好是重修别的外语吧。（他の外国語を受けたほうがいい。）
　　　　　你千万不要再修同一门外语。（同じ授業を取り直さないように。）
　　B　　你还是把误会说清楚吧。（誤解を解いたほうがいいだろう。）
　　　　　你最好是别再见到他。（あの人と会わないようにしたほうがいい。）

　　　　你千万不要太在意。（気にしないことだ。）
　C　你最好是去买本菜谱来看。（料理の本を買って、作ってみるといい。）
　　　　你还是去餐厅买现成的吧。
　　　　（レストランでできあいのものを買ってきたほうがいい。）
　　　　你千万不要随便煮一煮。（適当に作ってはいけないよ。）

5.1 書いてみよう（解答例）

A. 听说，你英文被当了，是真的吗？
B. 什么?! 退学?! 你没在开玩笑吧！
C. 你还是去跟老师确认一下吧。
D. 连你都没上了，我怎么可能。
E. 因为经常翘课而被当了。
F. 因为抽烟而致癌。
G. 因为太忙而没有时间睡觉。
H. 因为路上塞车而迟到。
I. 她不仅不肯借我钱，还骂我。
J. 由于经常缺课导致于考试失败。

5.2 聞きとってみよう

（問題文）
　　最近我家里出了一些事情，无法继续供应我念大学。为了把最后一年的大学念完，我只好找份薪水比较好的打工赚取学费及生活费。但是这份工作是晚上在酒吧当服务生，而且都得打到深夜十二点多才能回家。回到家洗个澡已经快零晨两点了。有时累得连饭都不想吃，所以根本没有力气再做作业了。也因此早上的课经常不是迟到就是旷课。有些同学都以为我拚命打工是为了存钱到国外玩才没来上课的，还有同学跟我说"要是我再跷课的话，老师就一定会把我当掉。"不过我心里想着要是我跟他们一样那么有时间的话，我不但不会迟到和旷课，说不定我的成绩还会比他们更优秀呢！

（解答例）
A. 家里出了一些事情。

B. 最后一年。
C. 在酒吧当服务生
D. 是为了赚取学费及生活费的。
E. 深夜十二点多。
F. 是为了存钱到国外玩的。
G. 我不但不会迟到和旷课，说不定我的成绩还会比他们更优秀。

6 文章表现（解答例）
　　一到大学生很多人就常常因为个人的私人关系而翘课，或骗说是生病而没来上课。而且偏偏都是那些混的学生，不但跟不上学习进度，有时候更是再三地提问已经说明过的内容。也因此使得上课无法进行，也影响到别的学生的学习。
　　我每次都到学校上课，但是期末考试时因为打工太忙的关系，我没有时间准备，也因此我考得不好。可能是因为这样的关系，我被当了。不过，对老师来说，不认真的学生是最头痛的。为了不辜负父母对我的期待，下学期我一定要认真地学习。（下学期我一定要认真地学习，才不会辜负父母对我的期待。）

中国語索引

A
阿姨 ā yí
　おば、年上の女性に対する呼びかけ　27
昂贵 áng guì　高い、高価　43
啊 à（文頭）思い当たったり、気付いたりした時に使う　27
啊 a（文末）相手の話に同調し、注目したことを示す　27

B
百吃不厌 bǎi chī bú yàn
　何度食べても食べあきない　43
被当 bèi dāng (dàng)
　単位を落とされる　57
毕不了业 bì bù liǎo yè
　卒業できなくなる　59
并祝 bìng zhù　末筆ながら～を祈る　29
不过 bú guò　しかし、でも　3
补考 bǔ kǎo　補欠テスト・追試　57
不该 bù gāi　すべきではない　59
不敢相信 bù gǎn xiāng xìn
　信じられない　57
不一定 bù yí dìng
　決まっていない、不定期である　15

C
才能 cái néng　ようやく、やっと～することができる　17
参加 cān jiā　参加する　17
差 chà (chā)　良くない　59
尝尝看 cháng cháng kàn
　賞味してみる、食べてみる　41
抄 chāo　写す　59
吵架 chǎo jià　喧嘩する　59
趁～机会 chèn ～ jī huì　この機会に　29
吃早餐 chī zǎo cān　朝食を食べる　17
重修 chóng xiū　再履修する　57
出差 chū chāi　出張する　27
出发 chū fā　出る、出発する　17
除了～外 chú le ～ wài
　～の他に、～以外に　3
从 cóng　～から。起点を示す　15
错过 cuò guò　～をやり逃した　59

D
打工 dǎ gōng　アルバイト（をする）　15
打扰 dǎ rǎo
　お邪魔する、人の家を訪問する　29
大约 dà yuē　おおよそ、だいたい　17
代～向～问好 dài ～ xiàng ～ wèn hǎo
　～の代わりに～に宜しく伝える　29
担仔面 dān (dàn) zǎi miàn
　タンズ麺、肉味噌をかけた麺　41
当 dāng　～になる、（職業、職種）の仕事に就く　5
当地人 dāng dì rén
　地元の人、その土地の人　43
当然 dāng rán　もちろん　3
到 dào　～までいたる　15
道地 dào dì　本場の味　41
得 děi
　～しなければならない、～するべき　15
点心 diǎn xīn　菓子や軽食の類、間食として食べる物　41
都 dōu　いつも、全部　15
对了 duì le　「そうだ」　27
对～来说 duì ～ lái shuō
　～にとっては　43
多久 duō jiǔ　どのくらい（長さ）　27

F
翻译 fān yì　通訳（する）、翻訳（する）　5
反而 fǎn'ér
　かえって、逆に、ところが　59
副餐 fù cān　軽食　41

G

感兴趣 gǎn xìng qù (qu) ～に興味をもっている		5
港口 gǎng kǒu 港		41
搞不好 gǎo bù hǎo もしかすると		57
跟～联络 gēn ～ lián luò ～に連絡する		29
跟～一样 gēn ～ yí yàng ～と同じ		41
更 gèng さらに、もっと		15
公司 gōng sī 会社		5
古典 gǔ diǎn 古典		5
过 guò パスする		57
guo (guò) ～していた、～したことがある		5

H

还 hái それに、また		3
还是 hái shi (shì) 依然として、もとのまま		29
やはり～がいい		57
好久不见 hǎo jiǔ bú jiàn お久しぶりです		29
很要好 hěn yào hǎo 仲がいい		59
横浜 Héng bīn 横浜		5
花时间 huā shí jiān 時間を費やす、時間がかかる		43
回到 huí dào ～に帰る、戻る		15
回来 huí lái ただいま		27
混血儿 hùn xuè ér ハーフ		5

J

加班 jiā bān 残業する		29
讲究 jiǎng jiū (jiù) 凝る、こだわる		43
讲义 jiǎng yì 講義プリント		59
交换 jiāo huàn 交換		3
教授 jiào shòu 教授		5
接到 jiē dào 受け取る		27
节 jié 量詞。授業のコマ数を数える		15
节省 jié shěng 節約する、はぶく		43

K

开发 kāi fā 開発する		41
开始 kāi shǐ 開始、スタート		15
开玩笑 kāi wán xiào 冗談を言う		57
看看 kàn kan ちょっと会う、会ってみる		29
考题 kǎo tí 試験の問題		57
可能 kě néng おそらく		27
蚵仔煎 kē zǎi jiān 牡蠣オムレツ		43
口味 kǒu wèi 味		41
快到 kuài dào もうすぐ		27
旷课 kuàng kè 授業に出ない		59

L

老样子 lǎo yàng zi 変わりないこと、昔のまま		29
连～都 (不) lián ～ dōu (bù) ～さえしてくれない		57
流连忘返 liú lián wàng fǎn 名残惜しく去りがたい		43

M

蛮难的 mán nán de ちょっと難しい		57
慢跑 màn pǎo ジョギング		3
忙碌 máng lù 忙しい		43
没什么 méi shén me 特に～しない、別に～ない、大した～ない		29
米粉 mǐ fěn ビーフン		41
民众 mín zhòng 人々、一般人		43

N

那 nà それなら、それでは		3
那不是 nà bú shì ～じゃありませんか		27
拿到 ná dào もらう		57
年级 nián jí 学年		5
弄错 nòng cuò 間違える		57

O

哦 ó 「あれ?」		27

85

哦 ò 「分かった」「なるほど」 27

P
派 pài 派遣する 27
平常 píng cháng いつも、ふつう 15
普通 pǔ tōng ふつう 15

Q
起床 qǐ chuáng 起きる 17
翘课 qiào kè 授業をサボる 57
去找 qù zhǎo 会いに行く 57
全家 quán jiā 家族全員 5
确定 què dìng
  はっきりする、確定する 27
却是 què shì かえって 43

R
让 ràng 許す、〜させる 41
肉圆 ròu yuán 肉団子 41

S
上次 shàng cì 前回、以前 29
上课 shàng kè
  授業を受ける、授業をする 15
社团活动 shè tuán huó dòng
  クラブ活動 17
甚至连 shèn zhì lián
  〜ばかりでなく〜でさえ 29
受到 shòu dào 受ける、受け入れる 43
刷牙 shuā yá 歯を磨く 17
睡不着 shuì bù zháo
  寝られない、眠れない 59
顺便 shùn biàn ついでに 29
说不定 shuō bú dìng
  もしかすると、もしかして 57
说定 shuō dìng 話をきめる、約束する 3
所以 suǒ yǐ なので、だから、それで 17

T
太大 tài dà 多すぎる、大きすぎる 29

太好了 tài hǎo le とてもいいですね 3
逃课 táo kè 授業をサボる 57
特别 tè bié 特別である、特に 3
听说 tīng shuō 聞くところによると〜だ
  そうです 41
同学 tóng xué 同級生、クラスメート 3
突然间 tū rán jiān いきなり 59

W
外地人 wài dì rén ほかの土地の人 43
晚 wǎn （時刻が）おそい 15
碗粿 wǎn kē 茶碗蒸しの一種 43
为了 wèi le 〜のために、〜なので 29
物美价廉 wù měi jià lián
  ものがよくて値段も安い 43

X
洗脸 xǐ liǎn 顔を洗う 17
洗澡 xǐ zǎo
  体を洗う、お風呂にはいる 17
小吃 xiǎo chī 軽食、簡単な料理 41
辛苦 xīn kǔ 疲れる、大変、つらい 15
新闻记者 xīn wén jì zhě 記者 5

Y
一〜就 yī 〜 jiù 〜になると〜をする 59
一下 yí xià ちょっと 17
一些 yì xiē 少し、わずか、ちょっと 27
一直 yì zhí ずっと 17
一直（都）yì zhí (dōu) ずっと 29
以后 yǐ hòu これから、以後、今後 3
因此 yīn cǐ それで、なので 5
因为〜关系 yīn wèi 〜 guān xi 〜の理
  由により、なぜならば、〜なので 5
由于 yóu yú
  〜のために、〜が原因で 17
有时候 yǒu shí hou (hòu) 時々 15
又以〜最 yòu yǐ 〜 zuì
  〜の中で〜が最も 41
月亮 yuè liàng 月 3

运动 yùn dòng
　スポーツ、スポーツをする　　　3

Z

再加上 zài jiā shang (shàng)
　それに加えて　　　57
责备 zé bèi　責める　　　59
怎么 zěn me　どうして、なぜ　　　27
怎么可能 zěn me kě néng
　そんなことなんでありうるの　　　57
怎么了 zěn me le　どうしたの　　　27
怎么样 zěn me yàng　いかがですか　　　3
这么 zhè me　このように、こんなに　　　3, 15
这位 zhè wèi
　見知らぬ人へ呼びかける語　　　3
这些 zhè xiē　これら　　　43
真的 zhēn de　本当に、本当だ　　　41
只好 zhǐ hǎo　しょうがなく〜する　　　57
只是 zhǐ shì　ただ〜だけだ　　　29
重要 zhòng yào
　重要である、大事である　　　27
周末 zhōu mò　週末　　　15
专攻 zhuān gōng　専攻、専攻する　　　3
赚取 zhuàn qǔ　儲ける、稼ぐ　　　59
自从〜以来 zì cóng 〜 yǐ lái　〜以来　　　29
自我介绍 zì wǒ jiè shào　自己紹介　　　3
最好是 zuì hǎo shì　〜した方がいい　　　57
左右 zuǒ yòu
　〜前後、〜ぐらい、〜ほど　　　17

87

日本語索引

あ

「ああ」 啊 à		27
会いに行く 去找 qù zhǎo		57
味 口味 kǒu wèi		41
アルバイト（をする） 打工 dǎ gōng		15
「あれ？」 哦 ó		27
いかがですか		
怎么样 zěn me yàng		3
～以外に 除了～外 chú le ～ wài		3
いきなり 突然間 tū rán jiān		59
以後 以后 yǐ hòu		3
以前 上次 shàng cì		29
依然として 还是 hái shi (shì)		29
忙しい 忙碌 máng lù		43
いつも 平常 píng cháng		15
都 dōu		15
一般人 民众 mín zhòng		43
～以来 自从～以来 zì cóng ～ yǐ lái		29
受ける 受到 shòu dào		43
受け入れる 受到 shòu dào		43
受け取る 接到 jiē dào		27
写す 抄 chāo		59
おおよそ 大约 dà yuē		17
多すぎる 太大 tài dà		29
大きすぎる 太大 tài dà		29
起きる 起床 qǐ chuáng		17
(時刻が)おそい 晚 wǎn		15
おそらく 可能 kě néng		27
おば 阿姨 ā yí		27
お久しぶりです		
好久不见 hǎo jiǔ bú jiàn		29

か

会社 公司 gōng sī		5
開始 开始 kāi shǐ		15
開発する 开发 kāi fā		41
かえって 却是 què shì		43
反而 fǎn'ér		59
顔を洗う 洗脸 xǐ liǎn		17
牡蠣オムレツ 蚵仔煎 kē zǎi jiān		43
確定する 确定 què dìng		27
学年 年级 nián jí		5
～が原因で 由于 yóu yú		17
菓子 点心 diǎn xīn		41
稼ぐ 赚取 zhuàn qǔ		59
家族全員 全家 quán jiā		5
～から（起点） 从 cóng		15
体を洗う 洗澡 xǐ zǎo		17
変わりない 老样子 lǎo yàng zi		29
聞くところによると～だそうです		
听说 tīng shuō		41
記者 新闻记者 xīn wén jì zhě		5
決まっていない 不一定 bù yí dìng		15
逆に 反而 fǎn'ér		59
教授 教授 jiào shòu		5
クラブ活動		
社团活动 shè tuán huó dòng		17
クラスメート 同学 tóng xué		3
～ぐらい 左右 zuǒ yòu		17
軽食 点心 diǎn xīn		41
副餐 fù cān		41
小吃 xiǎo chī		41
喧嘩する 吵架 chǎo jià		59
交換 交换 jiāo huàn		3
講義プリント 讲义 jiǎng yì		59
高価 昂贵 áng guì		43
こだわる 讲究 jiǎng jiū (jiù)		43
古典 古典 gǔ diǎn		5
このように 这么 zhè me		3
この機会に 趁～机会 chèn ～ jī huì		29
凝る 讲究 jiǎng jiū (jiù)		43
これから 以后 yǐ hòu		3
これら 这些 zhè xiē		43
今後 以后 yǐ hòu		3
こんなに 这么 zhè me		3,15

さ

日本語	中国語	ページ
再履修する	重修 chóng xiū	57
〜さえしてくれない		
	连〜都（不）lián 〜 dōu (bù)	57
〜させる	让 ràng	41
さらに	更 gèng	15
参加する	参加 cān jiā	17
残業する	加班 jiā bān	29
しかし	不过 bú guò	3
時間がかかる	花时间 huā shí jiān	43
時間を費やす	花时间 huā shí jiān	43
試験の問題	考题 kǎo tí	57
仕事に就く	当 dāng	5
自己紹介	自我介绍 zì wǒ jiè shào	3
〜した方がいい	最好是 zuì hǎo shì	57
〜していた	过 guo (guò)	5
〜しなければならない	得 děi	15
地元の人	当地人 dāng dì rén	43
〜じゃありませんか		
	那不是 nà bú shì	27
週末	周末 zhōu mò	15
出発する	出发 chū fā	17
出張する	出差 chū chāi	27
授業に出ない	旷课 kuàng kè	59
授業をサボる		
	翘课／逃课 qiào kè / táo kè	57
授業を受ける	上课 shàng kè	15
授業をする	上课 shàng kè	15
重要である	重要 zhòng yào	27
しょうがなく〜する	只好 zhǐ hǎo	57
賞味してみる		
	尝尝看 cháng cháng kàn	41
ジョギング	慢跑 màn pǎo	3
冗談を言う	开玩笑 kāi wán xiào	57
信じられない		
	不敢相信 bù gǎn xiāng xìn	57
少し	一些 yì xiē	27
スタート	开始 kāi shǐ	15
ずっと	一直 yì zhí	17
	一直（都）yì zhí (dōu)	29
すべきではない	不该 bù gāi	59
スポーツ（をする）	运动 yùn dòng	3
〜するべき	得 děi	15
節約する	节省 jié shěng	43
責める	责备 zé bèi	59
専攻（する）	专攻 zhuān gōng	3
〜前後	左右 zuǒ yòu	17
前回	上次 shàng cì	29
全部	都 dōu	15
「そうだ」（何かを思い出した時）		
	对了 duì le	27
卒業できなくなる		
	毕不了业 bì bù liǎo yè	59
それで	因此 yīn cǐ	5
	所以 suǒ yǐ	17
それなら	那 nà	3
それに加えて		
	再加上 zài jiā shang (shàng)	57
そんなことなんでありうるの		
	怎么可能 zěn me kě néng	57

た

日本語	中国語	ページ
大した〜ない	没什么 méi shén me	29
大変	辛苦 xīn kǔ	15
大事である	重要 zhòng yào	27
だいたい	大约 dà yuē	17
（値段が）高い	昂贵 áng guì	43
だから	所以 suǒ yǐ	17
ただ〜だけだ	只是 zhǐ shì	29
ただいま	回来 huí lái	27
食べてみる	尝尝看 cháng cháng kàn	41
タンツー麺	担仔面 dān (dàn) zǎi miàn	41
単位を落とされる		
	被当 bèi dāng (dàng)	57
茶碗蒸し	碗粿 wǎn kē	43
朝食を食べる	吃早餐 chī zǎo cān	17
ちょっと	一下 yí xià	17
	一些 yì xiē	27
ちょっと会う	看看 kàn kan	29
ちょっと難しい	蛮难的 mán nán de	57

89

追試　補考 bǔ kǎo	57
ついでに　顺便 shùn biàn	29
通訳（する）　翻译 fān yì	5
疲れる　辛苦 xīn kǔ	15
月　月亮 yuè liàng	3
つらい　辛苦 xīn kǔ	15
でも　不过 bú guò	3
出る　出发 chū fā	17
どうしたの　怎么了 zěn me le	27
どうして　怎么 zěn me	27
同級生　同学 tóng xué	3
～と同じ　跟～一样 gēn ～ yí yàng	41
時々　有时候 yǒu shí hou (hòu)	15
特に　特别 tè bié	3
特に～しない　没什么 méi shén me	29
ところが　反而 fǎn'ér	59
とてもいいですね　太好了 tài hǎo le	3
どのくらい（時間）　多久 duō jiǔ	27

な

仲がいい　很要好 hěn yào hǎo	59
名残惜しく去りがたい	
流连忘返 liú lián wàng fǎn	43
なぜ　怎么 zěn me	27
なぜならば	
因为～关系 yīn wèi ～ guān xi	5
なので　为了 wèi le	29
所以 suǒ yǐ	17
因为～关系 yīn wèi ～ guān xi	5
「なるほど」　哦 ò	27
何度食べても食べあきない	
百吃不厌 bǎi chī bú yàn	43
～に帰る　回到 huí dào	15
～に興味をもっている	
感兴趣 gǎn xìng qù (qu)	5
肉団子　肉圆 ròu yuán	41
～にとっては	
对～来说 duì ～ lái shuō	43
～になる（職業、職種）　当 dāng	5
～になると～をする　一～就 yī ～ jiù	59

～に連絡する	
跟～联络 gēn ～ lián luò	29
眠れない　睡不着 shuì bù zháo	59
～の代わりに～に宜しく伝える	
代～向～问好 dài ～ xiàng ～ wèn hǎo	29
～のために　由于 yóu yú	17
为了 wèi le	29
～の中で～が最も	
又以～最 yòu yǐ ～ zuì	41
～の他に　除了～外 chú le ～ wài	3
～の理由により	
因为～关系 yīn wèi ～ guān xi	5

は

ハーフ　混血儿 hùn xuè ér	5
～ばかりでなく～でさえ	
甚至连 shèn zhì lián	29
派遣する　派 pài	27
パスする　过 guò	57
はっきりする　确定 què dìng	27
話をきめる　说定 shuō dìng	3
はぶく　节省 jié shěng	43
歯を磨く　刷牙 shuā yá	17
ビーフン　米粉 mǐ fěn	41
人々　民众 mín zhòng	43
部活　社团活动 shè tuán huó dòng	17
ふつう　平常 píng cháng	15
普通 pǔ tōng	15
不定期である　不一定 bù yí dìng	15
風呂にはいる　洗澡 xǐ zǎo	17
訪問する　打扰 dǎ rǎo	29
ほかの土地の人　外地人 wài dì rén	43
補欠テスト　补考 bǔ kǎo	57
～ほど　左右 zuǒ yòu	17
翻訳（する）　翻译 fān yì	5
本場の味　道地 dào dì	41
本当に　真的 zhēn de	41

ま

| また　还 hái | 3 |

間違える　弄错 nòng cuò	57	
末筆ながら〜を祈る　并祝 bìng zhù	29	
〜までいたる　到 dào	15	
港　港口 gǎng kǒu	41	
昔のまま　老样子 lǎo yàng zi	29	
もうすぐ　快到 kuài dào	27	
儲ける　赚取 zhuàn qǔ	59	
もしかすると　搞不好 gǎo bù hǎo	57	
说不定 shuō bú dìng	57	
もちろん　当然 dāng rán	3	
もっと　更 gèng	15	
もとのまま　还是 hái shi (shì)	29	
戻る　回到 huí dào	15	
ものがよくて値段も安い		
物美价廉 wù měi jià lián	43	
もらう　拿到 ná dào	57	

や		
約束する　说定 shuō dìng	3	
やっと〜することができる		
才能 cái néng	17	
やはり〜がいい　还是 hái shi (shì)	57	
やり逃した　错过 cuò guò	59	
許す　让 ràng	41	
ようやく〜することができる		
才能 cái néng	17	
良くない　差 chà (chā)	59	
横浜　横滨 Héng bīn	5	
「分かった」　哦 ò	27	
わずか　一些 yì xiē	27	

著者略歴
方　美麗（ほう　びれい）
1997年お茶の水女子大学大学院人間文化研究科博士課程修了。東京外国語大学アジア・アフリカ言語文化研究所非常勤研究員、台湾輔仁大学日本語文学科助理教授、筑波大学外国人教師を勤めながら、東京外国語大学（中国語表現演習、台湾語）と静岡大学教育学部（言語学）集中講義の兼任をし、ロンドン大学SOAS（台湾語）、ロンドン大学Imperial college（中国語）の非常勤講師を経て、現在お茶の水女子大学 Foreign Professor（同大学大学院言語文化コースの中国語教授法をも担当している）。主な著書に『移動動詞と空間の表現──統語論的な視点からみた日本語と中国語の相違』（白帝社）、『Spoken Chinese』（Mandaras Publishing, London, UK.）他。

監修者略歴
宮尾　正樹（みやお　まさき）
お茶の水女子大学教授。専攻は中国近現代文学。編著訳書に『ああ哀しいかな──死と向き合う中国文学』（佐藤保と共著、汲古書院）、『中国映画のジェンダー・ポリティクス──ポスト冷戦時代の文化政治』（戴錦華原著、舘かおると共著、御茶の水書房）他。

CD 吹込
李軼倫・張曄・馬薇薇

使える中国語
つか   ちゅうごくご

2013年3月1日　初版第1刷発行

著　者●方美麗
監修者●宮尾正樹
発行者●山田真史
発行所●株式会社東方書店
　　　　東京都千代田区神田神保町1-3　〒101-0051
　　　　電話(03)3294-1001　営業電話(03)3937-0300
装幀・レイアウト●堀博
CD制作●プランニングオフィスウェディア
印刷・製本●平河工業社

※定価はカバーに表示してあります

ⓒ2013　方美麗　　Printed in Japan
ISBN978-4-497-21302-0 C3087
乱丁・落丁本はお取り替え致します。恐れ入りますが直接本社へご郵送ください。
Ⓡ本書を無断で複写複製（コピー）することは、著作権法上での例外を除き、禁じられています。本書をコピーされる場合は、事前に日本複製権センター（JRRC）の許諾を受けてください。
JRRC〈http://www.jrrc.or.jp　Eメール：info@jrrc.or.jp　電話：03-3401-2382〉

小社ホームページ〈中国・本の情報館〉で小社出版物のご案内をしております。
http://www.toho-shoten.co.jp/

東方中国語辞典

相原茂・荒川清秀・大川完三郎主編／中国人の頭の中を辞書にする！
——新語や付録を満載、学習やビジネスに威力を発揮する中国語辞典。斬新なデザインと2色刷りで引き易いと好評。
… 四六判2120頁◎定価5250円（本体5000円）978-4-497-20312-0

精選日中・中日辞典 改訂版

姜晩成・王郁良編／日中辞典約2万語、中日辞典約2万2000語を収録。学習・旅行やビジネスに携帯便利な辞典。
… ポケット判1408頁◎定価2625円（本体2500円）978-4-497-20002-0

中国語文法用例辞典
《現代漢語八百詞 増訂本》日本語版

牛島徳次・菱沼透監訳／《現代漢語八百詞》増訂本（商務印書館、1995）を完訳。大幅な加筆修正を行い、収録語は全部で約1000語に。
…… 四六判608頁◎定価5040円（本体4800円）978-4-497-20303-8

日中同形異義語辞典

王永全・小玉新次郎・許昌福編著／日本語と中国語で、そのまま使うと通じない、あるいは誤解を招く「同形異義語」約1400組を五十音順に収録。
………… 四六判368頁◎定価2520円（本体2400円）978-4-497-20714-2

やさしくくわしい中国語文法の基礎

守屋宏則著／初級から中級まで、学習者のニーズに応える参考書の決定版。本文中の例文には日本語訳とピンインを付す。検索機能も充実。
………… A5判360頁◎定価2100円（本体2000円）978-4-497-94438-2

東方書店ホームページ〈中国・本の情報館〉http://www.toho-shoten.co.jp/

中国語おさらいドリル
マーキングで覚える基本構造

大塚順子著／陳文芷監修／文章の「核になる部分」を見つける練習を繰り返して中国語の文の構造をつかむと同時に、文法の復習もできる。
………… B5判 104頁◎定価1470円（本体1400円）　978-4-497-21103-3

中国語作文のための短文練習 中文造句

中山時子・飯泉彰裕著／豊富な練習問題と日本人の間違いやすいポイントに重点を置いたていねいな解説で、正確な語法と表現力を身につける。
………… B5判 224頁◎定価2520円（本体2400円）　978-4-497-99560-5

論説体中国語 読解力養成講座
新聞・雑誌からインターネットまで

三潴正道著／新聞、雑誌、インターネット、学術論文などで広く使われる中国語の書き言葉「論説体」の読解力を伸ばすための参考書兼問題集。… B5判 232頁◎定価2520円（本体2400円）　978-4-497-21007-4

映画でたのしく中国語
アン・リーの〈飲食男女〉
パソコンで学ぶ双方向学習教材（DVD-ROM付）

LiveABC製作／アン・リー監督の映画『飲食男女（邦題：恋人たちの食卓）』全編を22ユニットに分けて中国語会話を学習。
……… A5変判 256頁◎定価2940円（本体2800円）　978-4-497-20910-8

東方書店ホームページ〈中国・本の情報館〉http://www.toho-shoten.co.jp/

中国語口語表現
ネイティヴに学ぶ慣用語（CD付）

沈建華編著／是永駿・陳薇編訳／中国人同士のふだんのおしゃべりに耳を傾け、「教科書」には表れない生きた慣用表現を体感しよう。
……… A5判352頁◎定価2940円（本体2800円）978-4-497-20911-5

街なかの中国語
耳をすませてリスニングチャレンジ（MP3CD付）

孟国主編／井田綾訳／学校や銀行、病院でのやりとり、テレビ番組など、生の中国語を収録。雑音あり・早口・不明瞭な「聞き取れない」中国語に挑戦！ A5判268頁◎定価3150円（本体3000円）978-4-497-21208-5

ビジネス中国語マニュアル
スーパーエディション【新装】（CD-ROM付）

藤本恒・廣部久美子・岡本篤子・上林紀子著／『ビジネス中国語マニュアル』の新訂版。CD-ROMには練習問題解答、ビジネス文書用例などを収録。 A5判216頁◎定価2940円（本体2800円）978-4-497-21221-4

ビジネス現場の中国語（CD付）

北原恵・韓軍著／新出単語には英訳を併記し、中国の商習慣や文化などを紹介するコラムも用意。「仕事で役立つ用語集」など巻末資料も充実。……… A5判240頁◎定価2730円（本体2600円）978-4-497-21107-1

DVDで学ぶ ライブビジネス中国語
（DVD-ROM付）

LiveABC製作／会議や接待、契約などのシーンをDVD-ROMで学習。字幕の切替、会話スピードの変更、単語登録などの機能付き。音声MP3収録。A5変型判192頁◎定価2310円（本体2200円）978-4-497-21117-0

東方書店ホームページ〈中国・本の情報館〉http://www.toho-shoten.co.jp/